Ralf-Peter Nungäßer
Angela Nungäßer

Anthologien des Lebens

Kaleidoskopische Perspektiven

Für all jene,
die eine tiefe Freude
an den Blüten des Lebens empfinden.

Inhalt

Vorwort

Das Ihnen vorliegende Büchlein „Anthologien des Lebens – Kaleidoskopische Perspektiven" beschreibt die unterschiedlichen Facetten der Wahrnehmung und Beurteilung ausgewählter Situationen. Hier geschehen die Dinge einfach, entweder eher zufällig oder vorbestimmt, ganz gleich, die Dinge sind wie sie sind. Sie sind nicht richtig, sie sind nicht falsch. Wer die Dinge aus seinen Augen sieht, der sieht sie so wie sie für ihn sind. Das Ausmaß dieser Erkenntnis lässt sich im Alltag bereits daran ermessen, dass, wenn mehr als eine Person das Gleiche tun, das noch lange nicht dasselbe ist. Lassen Sie fünf Ärzte über ein Symptom und die dazugehörige Heilungstherapie entscheiden und Sie erhalten fünf ungleiche Diagnosen zum selben Krankheitsbild. Oder wenn Erzieherinnen untereinander die sinnvollste pädagogische Strategie diskutieren, dann erhalten Sie von jedem der Fachkräfte eine unterschiedliche Expertise zur Sache. So lässt sich diese Latte hinsichtlich differenzierter Ansichten unendlich weiterspinnen: Die Kirchenideologen mit ihren konkurrierendem Christenbildern, die Philosophen mit ihren jeweils einzig wahren Erkenntnistheorien, die Designer, die ein jeder für sich einen anderen Geschmack haben oder die Wissenschaftler, die allesamt in ihrer Fakultät der Meinung sind, dass nur sie alleine die ultimative Erklärung für das Leben haben.

Nun, das Spektrum des Lebens ist so vielfältig wie das Universum selbst. Da reicht die Anzahl der Menschen auf unserem Planeten lange nicht aus, um ein umfassendes Bild des Daseins und des Lebens mitsamt seiner Vielfältigkeit zeichnen zu können. Und selbst ein Menschenleben schafft es nicht, die ganze Bandbreite der Informationsvielfalt in sich aufzunehmen. Und dennoch sind wir Menschen allesamt von Natur aus darauf ausgerichtet, von Leben etwas haben zu wollen, an den irdischen Errungenschaften sinnvoll teilzuhaben, wir wollen mitgestalten an den Entwicklungen der Menschheit, wir setzen alles daran, Fußspuren zu hinterlassen, um am Ende nicht spurlos vom Erdboden zu verschwinden. Wer möchte nicht an Gottes Seite sitzen und auf ein erfülltes Leben blicken, von dem auch andere, im Himmel wie auf Erden, sagen können: Schaut, welch ein Geist unter den Menschen!

Postmoderne Anthropologen sehen den Menschen als ein Wesen mit konstruktiver Wirksamkeit in der Realität. Fürwahr: Du bist was du denkst. Das hatte Hermann Hesse längst in seiner chinesischen Legende erkannt und hierzu geäußert: „Es gibt die Wirklichkeit, ihr Knaben, und an der ist nicht zu rütteln. Wahrheiten aber, nämlich in Worte ausgedrückte Meinungen über das Wirkliche, gibt es unzählige. Und jede ist ebenso richtig, wie sie falsch ist." Dabei kommt es letztlich gar nicht so sehr darauf an, ob wir mit unserer

Sichtweise richtig liegen oder nicht, vielmehr hat es eine wesentlich höhere Wertigkeit, wenn wir eine Erkenntnis darüber haben, dass das, was man denkt, wie man handelt, stets Wirkungen auf einen selbst und auf seine Umwelt hat - ganz gleich was es auch ist, egal was andere davon halten, immer muss man das, was man denkt und tut, vor sich selbst vertreten können. Richtig oder falsch liegt also immer im Sinne des Betrachters. Es wird immer Menschen geben, die größer oder kleiner sind als du, weiser oder törichter, reicher oder ärmer, herzlicher oder herzloser, dicker oder dünner. Jeder wirkt in Raum und Zeit so wie er ist – allein das zählt.

Die Wahrnehmung des Lebens ist von der Perspektive des Betrachters abhängig. Und die ist nicht monokausal, also nicht einseitig, sondern universell vielfältig und kann sich sogar widersprechen. In diesem Sinne erzählt das Büchlein von unterschiedlichen Phänomenen des Lebens. Für uns gibt es keine political correctness, kein Trend, keine moralischen Vorgaben und kein Tabu. Was gesagt ist, ist gesagt – so wie es dort steht. Alles andere sind Ihre Interpretationen oder die der anderen. Wir zeichnen uns nicht für Ihre Gedanken verantwortlich, sondern nur für das, was wir wörtlich niedergeschrieben haben. So wie die Geschichten dort wörtlich niedergeschrieben stehen, erwachen die Vorstellungen über das imaginär Erlebte ganz einzigartig innerhalb Ihrer eigenen

Vorstellung. Niemand liest das Geschriebene so wie Sie. Wenn Sie Rot als Grün wahrnehmen, wenn für Sie Fünf gerade ist, dann ist das so. Es wird immer Leute geben, die gegen das sind was geschrieben oder gesagt wird und es wird immer welche geben, die dafür sind. Wahr ist, was Sie für wahr erachten und nicht was andere davon halten. Die anderen Menschen sind einzig und allein von uns selbst zugelassene Wegbegleiter. Und so verstehen wir auch das Büchlein: Als geistiger Begleiter Ihrer eigenen kaleidoskopischen Gedanken. Mehr nicht.

Viel Spaß beim Lesen!

Das wünschen Ihnen
Ralf-Peter Nungäßer & Angela Nungäßer

Zwischen Kopf und Bauch

Wer kennt nicht all jene Situationen, über die man im Nachhinein betrübt ist, weil man sie in dem Moment des Erlebens auf irgendeine Art und Weise nicht festgehalten hat? Doch, was irgendwie bleibt, ist der verstaubte Schuhkarton unter dem Schrank mit all den vielen verblassten Fotos und Briefen von ehemaligen Freunden, Bekannten oder einem irgendwie einmal nahestehen Menschen und ein leises Bedauern überkommt einen plötzlich darüber, dass man sich an so manche eigens hervorragend verfassten Briefe erinnert, sie aber nicht mehr vor sich liegen hat und auch nicht mehr zurückbekommen kann, weil die ehemaligen Empfänger nun nicht mehr erreichbar sind. Oder da sind so manche tiefsinnigen Gespräche mit einem lieben Menschen, oder Situationen, die plötzlich das eigene Leben verändern, oder einfach nur Geistesblitze während eines Spaziergangs oder im Bus zur Arbeit... Nichts von alledem hat man festgehalten. Was bleibt, sind nur noch blasse Ahnungen von diesem und jenem, womöglich noch mit der nötigen Verklärung oder erinnerungsbedingten Verzerrungen.

Was tut man also nach solch leidvollen Erfahrungen? Man beginnt die aktuell geschriebenen Briefe zu fotokopieren, gute Gespräche und prägnante Situationen im Anschluss aufzuschreiben oder bestimmte Eindrücke irgendwie kreativ zu verarbeiten, um die unmittelbare Erfahrbarkeit aufgrund ihrer Vergänglichkeit als Lebenszeugnisse zu dokumentieren. Und wenn man dann die Briefe ehemals nahestehender Menschen aus dem Schuhkarton nach Jahren noch einmal liest oder sich die vergilbten Bilder anschaut, beginnen die ersten Gehversuche, die Situationen und mögliche Briefwechsel zu rekonstruieren. Plötzlich ist ein Stein ins Rollen gekommen und man beginnt sein Leben aufzurollen oder gar von nun an ein Faible fürs Schreiben, Malen oder Ähnliches zu entwickeln. Es entstehen mit einem Male seitenlang wahre oder fiktive Geschichten, gedichtähnliche Verse, Gemälde und Musikstücke. Sicherlich alles nichts Professionelles, womöglich eher profan und aus dem Leben gegriffen, aber die Kreativität hat sich von nun an zu einem Selbstläufer entwickelt. Sie dient ab sofort mitunter als Spiegel der großen Fülle aller Erlebnisse, die sich alltäglich in uns "Zwischen Kopf und Bauch" abspielen. Das Erlebte bricht sich seine Bahn ins Bewusstsein und will gewürdigt werden. Schließlich hat der Schöpfer sich ja auch irgendetwas dabei gedacht, als er uns erschaffen hat.

Und so erhebt sich in Anbetracht der sich allmählich verblassenden Erlebnisse und Erfahrungen nach und nach die Erkenntnis, dass das Leben sich irgendwo zwischen Kopf und Bauch abspielt. So genau weiß das sowieso niemand. Aber das Denken und das Fühlen treten als zwei Eigenschaften auf, die es scheinbar einfach nicht schaffen, vernünftig miteinander umzugehen und auszukommen. Zumindest ist das bei mir so. Der Kopf sagt nein, der Bauch ruft ja – oder umgekehrt – und dazwischen herrscht entweder blinder Aktionismus oder lebhafte Agonie. Und wenn ich dann Gott – als mein Schöpfer – um Rat frage, schüttelt der nur lächelnd seinen Kopf und sagt: „Höre auf dein Herz, denn es sitzt zwischen deinem Kopf und deinem Bauch!" OK. Schauen wir mal, wie das so geht, senn sich dazwischen alles dreht in kaleidoskopischen Perspektiven…

Das Kaleidoskop

Es saß eine Fliege früh morgens, kurz nach Sonnenaufgang, behäbig auf einem Fenstersims im ersten Stockwerk des Rathauses der Stadt am Rande des Marktplatzes und schaute gemächlich den Leuten bei ihrer treibenden Geschäftigkeit zu. Ihre Facettenaugen flatterten nervös hin und her beim Scan der Szenerie auf dem von links und rechtsrennenden Menschen beherrschten Marktplatz, immer den Fokus darauf ausgerichtet, ein Opfer zu finden, welches sie summend umrunden kann, um einen Flecken zu finden, auf dem sie sich kamikazeartig zum gierigen Ergriff verfallenen Festmahls niederlasen kann.

Auf dem einen Auge beobachtete sie eine Mutter wie sie an ihrer rechten Hand ihre kleine Tochter hinter sich herzog und ihr mit einer abrupten Drehung nach unten zugeneigt ins Gesicht zischte, dass sie doch bitteschön schneller gehen solle, weil sie sonst nicht ihren Bus bekommen würden. Leicht genervt von kindlicher Unbedarftheit des Mädchens sowie gegenüber der unwilligen Situation, zieht die Mutter ihren Schritt an, den Blick straff geradeaus gerichtet und den Mund spitz angezogen geradezu auf die Bushaltestelle zuhaltend. Das kleine Mädchen indes schaute unerschütterlich fröhlich drein, sich nicht von den Ermahnungen der Mutter beirren lassend und sich unvermittelt dem festen Griff der Mutter entreißend, zog es vor, die Zeit stehen zu lassen und kniete sich ganz langsam auf das Kopfsteinpflaster nieder, um einen winzigen Käfer, der ihr über den Weg krabbelte, ihre volle Aufmerksamkeit zu widmen. Während die Mutter bei der Bushaltestelle ankam und überrascht um sich blickte, im Wahn der Schrecksekunde dem Entsetzen einen adäquaten Ausdruck zu verleihen ob der für sie ärgerlichen Situation des unsinnigen Verhaltens ihrer Tochter, schrie sie mit schmerzverzerrter Mimik über den gesamten Marktplatz in schriller Tonlage ihrem Abkömmling entgegen, sich auf der Stelle in Bewegung Richtung Bus zu setzen. Am Mädchen schienen die Töne unverhallt vorbeizuschwingen, denn sie hielt den Käfer in ihrer linken Hand und schien eine Anstalt in Richtung Mutter zu machen, dass sie etwas für sie sehr wichtiges gefunden habe, was sie ihr auf keinen Fall vorenthalten wolle noch zu zeigen. Während das Mädchen noch zur Mutter rannte, hob der Käfer in ihrer Hand langsam ab und flog in entgegengesetzter Richtung davon. Das Mädchen drehte sich indes innerhalb des Rennvorgangs nach hinten, um dem Käfer nachzublicken und ein leises goodbye nachzurufen, da schnappte sie unvermittelt eine harte Hand von hinten am Kragen und lenkte die Laufbewegung des Mädchens unsanft in Richtung sich gerade schließender Bustür. Mit einem letzten Sprung schaffte es die Mutter gerade noch, sich und Tochter in den Bus zu hieven. Während die Fliege interessiert beobachtete, wie die Mutter noch auf dem Weg zu einem

Sitzplatz wild gestikulierend an ihrer Tochter hantierte, erhaschte ihr anderes Auge eine weitere lebhafte Szenerie menschlichen Treibens.

Auf der anderen Seite des Markplatzes, erhob sich ein zerlumpt gekleideter Mann mit Rauschebart von der Bank, auf der er soeben aus seinem nächtlichen Schlaf erwachte. Noch während er sich den Schlaf aus den Augen rieb und den Zigarettenteer aus den Lungen hustete, schüttelte er sich, als wolle er sein Schicksal von sich abwerfen, doch das wollte ihn nicht verlassen und hing an ihm wie eine Klette. Noch schlaftrunken registrierte er aus schmalen Schlitzen seiner verklebten Augen die im Eilschritt an ihm in großen Bogen vorbeihuschenden Leute. Er kennt das schon: den verschämten Blick der Menschen weg aus seinem Dunstkreis. Als würde das allmorgendliche Publikum alias Marktüberquerer den üblen Geruch seiner Kleidung schon von weitem Wahrnehmen und naserümpfend, am liebsten unsichtbar, aus seinem Blickfeld so rasch wie nur möglich entweichen. Als er sich nach links drehte, um im an der Bank installierten Mülleimer nach etwas essbaren Ausschau zu halten, fiel im sofort etwas Sonderbares auf, dass er in dieser Form in einem Abfalleimer nicht erwartet hatte. Sein Herz begann zu rasen und seine Beine fingen an zu zittern, während in seinem Bauch eine Schar bunter Schmetterline ihre Runden flog. Er saß starr auf der Bank, atmete kaum und ganz flach, den Kopf bewegungslos nach vorn gerichtet und die Augen kreisten von links nach rechts, als würde er sich unsichtbar machen wollen, damit niemand seine Aufregung wahrnehmen konnte, die er nun empfand, weil er vermutete, dass der ungewöhnliche Gegenstand seinen Tag heute retten könnte, heute, morgen und vielleicht sogar übermorgen auch noch, oder gar sein weiteres Leben? Nachdem der erste Schwung an morgendlichen Pendlern in den Bussen saß, wurde ihm noch eine schrille Stimme einer Frau am anderen Ende des Marktplatzes gewahr. Er beobachtete noch ein rennendes Kind und griff mit einer hastigen Bewegung in den Dreckkübel und fischte dort eine Geldbörse heraus, die er sogleich ganz verstohlen unter seinen löchrigen Pullover steckte. Dann saß er wieder ganz starr auf seinem Platz, als wäre nichts geschehen. An ihm vorbei huschte ein Käfer, der sich noch auf seine Wange setzen wollte, doch erschlug er diesen mit einem Klatsch und warf ihn hinter sich auf die Wiese. Da nun alle Busse die Pendler zur Arbeit transportierten und der Marktplatz menschenleer war, zog er langsam das Portemonnaie unter seinem Pulli hervor. Er hielt es eine Weile in der Hand, die wie zu einem Gebet gefaltet zum Himmel schreien möchte: Lass mich reich sein, Herr, bitte! Er öffnete mit zitternden Händen gemächlich die beiden Lederwangen. Er schloss die Augen, hob den Kopf nach oben, ertastete das innere Börsenfach und …, die Spannung stieg ins unermessliche…, griff ins Leere. Der enttäuschte Clochard sprang auf und warf das Ledertäschchen voller Wut auf den Marktplatz. Die Fliege jedoch beobachtete nun mit beiden Augen eine hochinteressante Szene.

Noch im Flug der Geldbörse kam eine Elster am Marktplatz vorbeigeflogen und schnappte sie sich bevor sie auf dem Boden aufschlug. In hohem Bogen bewerkstelligte die Elster einen abrupten Richtungswechsel nach oben und sie schwirrte haarscharf am Fenstersims der Fliege vorbei. Als die Elster auch hier noch einen nahezu rechtwinkligen Richtungswechsel vornehmen musste, um nicht mit der Hauswand zu kollidieren, rutschte ihr der Geldbeutel aus dem Schnabel. Die Geldbörse raste in hohem Tempo auf die Fliege zu, die, um noch rechtzeitig fliehen zu können, ohne nach Links und Rechts schauend davonfolg, versenkte sich geradezu im Schnabel einer Amsel.

Der Käfer, der sich vom Schlag des Clochards erholt hatte, flog über den Marktplatz in Richtung Rathaus, er suchte einen Landeplatz und ließ sich auf der Geldbörse nieder, die auf dem Fenstersims gelandet ist, auf dem zuvor die Fliege gesessen hatte. Von hier aus hatte er nun einen wundervollen Ausblick auf das Treiben des Marktplatzes, auf dem wieder das Leben zurückkam durch die ankommenden Markthändler, die nun ihre Stände aufbauten. Der Clochard hofft indes, wieder etwas von den Resten nichtverkauften Obstes und Gemüses ab zu bekommen. Die Amsel indes hat sich auf einem Baum niedergelassen, der sich in der Marktmitte befand und freute sich der vielen Fliegen, die nun um die Obst- und Gemüsekörbe kreisten. Und der Käfer hofft darauf, morgen das kleine Mädchen wieder zu sehen, dass ihn so liebevoll behandelt hatte.

Mein Geheimnis

- Ich dachte "Schlecht",
aber ich sagte "Gut",
denn ich wusste
was die Menschen
hören wollen...

- Soll ich ihnen die Wahrheit
erzählen,
erzwingen,
sie entmutigen,
gar entblößen...?

- Oder nur Lüge
und Unterhaltung
verbreiten,
damit sie an sich selbst
glauben können...?

- Seitdem ich an mich denke
und glaube,
meine ich "Schlecht" und "Gut",
aber ich verrate es
niemandem...

Reichtum

Meine Frau und ich haben uns im Laufe der letzten drei Jahrzehnte immer wieder mit der Thematik „Reichtum", „Wohlstand" und „Sicherheit" beschäftigt. Ich muss gestehen, wir haben in all den Jahren nie eine wirkliche Antwort darauf gefunden. Seitdem wir aber vor kurzem in Portugal unser verwunschenes Traumgrundstück mit der von uns getauften Bezeichnung „Sonnenland der Fantasie" gefunden und erworben haben, sind wir einer ganz persönlichen Antwort etwas nähergekommen. Wie gesagt, wir haben immer wieder nach Antworten gesucht und sie weder beim Thema „Geld" gefunden, noch beim Thema „Weltverbesserung" oder gar beim Thema „Bildung", „schickes Auto", „Ökohaus" und „Urlaub". Wir haben tagein, tagaus das Hamsterrad der Suche nach Reichtum getreten und sind nicht wirklich vorangekommen. Wir haben hart gearbeitet, uns gebildet, Kinder in die Welt gesetzt, Haus gebaut und dem Konsum gefrönt – nur den Reichtum, den Wohlstand und die Sicherheit haben wir allesamt nicht wirklich auf befriedigende Art und Weise erreicht. Im Gegenteil: Uns ist ein Licht aufgegangen: Wir leben nur für die Katz, will heißen: Wir leben nur für andere und nie für uns selbst. Wir leben zur Aufrechterhaltung eines Systems, das die freie Entwicklung des Individuums nicht fördert, sondern eher unterbindet, durch seine Reglements, Vorschriften, Normen und Gesetze. Das, was wir freiheitliche Welt nennen, ist nur die Freiheit der Finanzreichen und Mächtigen. Also haben wir das Boot herumgerissen und angefangen gegen die Laufrichtung des Hamsterrads zu arbeiten. Wir waren reich an Kritik am System, wir kämpften gegen alles von dem wir glaubten, dass es uns nicht guttut und wussten alles besser. Aber auch hier haben wir weder inneren, noch äußeren Reichtum oder Genugtuung empfunden. Insgesamt fühlten wir uns in der einen Laufrichtung aber auch in der entgegengesetzten Laufrichtung immer irgendwie wie Getriebene, die nur ihre monatlichen Verpflichtungen abbezahlten. Das Einzige was bis heute stetig ansteigt sind die Lebenshaltungskosten. Aber unser Reichtum hat sich nicht angehäuft. Und so kamen wir dann doch irgendwann aus der Puste und stellten mit einem Funken Idee einfach nur fest: Verlassen wir doch das Hamsterrad, vielleicht liegt ja hier des Pudels Kern des Reichtums vergraben. Und siehe da, der Blick von außen auf das Hamsterrad hat uns die Augen geöffnet: Wir leben tatsächlich weiter, wenn wir aussteigen! Ja, wir sind ausgestiegen und haben uns dafür entschieden, das Hamsterrad für immer zu verlassen, um uns selbst wieder zu spüren, den Sinn des Lebens in Freiheit von Verpflichtungen zu finden und wieder Luft zum Atmen zu haben, ohne jeden Tag an all die Verbindlichkeiten denken zu müssen. Das haben wir in 17 Tagen Ausstiegsprobezeit in Portugal mitsamt vieler Gleichgesinnter (welche, die Aussteigen wollen und welche, die schon seit einiger Zeit dort leben) zu spüren bekommen: Das Leben ist reich an Gaben, die wir von Mutter Erde geschenkt bekommen und wir können diese wieder an sie zurückgeben, in dem wir die Erde hegen und pflegen und das Wissen an andere Menschen weiter geben. Wir haben eine wirklich echte Qualität an Reichtum gefunden: Zeit, Gemeinsamkeit, freies Denken und Handeln im Einklang mit den spirituellen Gesetzen des Universums: Actio = Reactio im Sinne eines ausgleichenden Nehmens und Gebens aller irdischen Gaben zum Segen der menschlichen und planetarischen Entwicklung. Das ist unser Weg, für den wir uns entschieden haben: Reichtum durch irdisches Empfangen und geistige Weiterentwicklung.

Hilfe, der Kaffee ist leer! –
Der Treibstoff für Erzieherinnen

Ein Umweltprojekt im Kindergarten: Fritz macht der Erzieherin einen Kaffee. Es bleibt heißes Wasser übrig und er fragt die Erzieherin: „Du? Was soll ich mit dem restlichen Wasser machen?" Sie antwortet nach dem Umwelterziehungsansatz: "Na was wohl? Einfrieren! Denn heißes Wasser kann ich für meinen Kaffee immer gebrauchen."

Haben Sie jemals die Gelegenheit wahrnehmen dürfen, zu erleben was passiert, wenn Erzieherinnen keinen Kaffee mehr haben? Nein? Na, dann passen Sie mal gut auf, denn das folgende Szenario zeichnet in der Tat eine wirklich gute Erzieherin aus:

Wenn Erzieherinnen keinen Kaffee mehr haben, dann bekommt diesen Umstand die Umwelt unmittelbar zu spüren. Denn ohne Kaffee läuft nämlich in den Kinderbetreuungseinrichtungen so gut wie gar nichts mehr: Erzieherinnen ohne Kaffee verfallen praktisch komplett in eine ganz eigenartige Handlungsstarre. Das müssen Sie sich dann in etwa so vorstellen als wolle man ein launisches Maultier mit den besten Absichten zum Fortbewegen ermuntern. Diese Strategie ist allerdings von Vornherein zum Scheitern verurteilt, weil die gute Absicht dahinter, wieder Leben in die Erziehungsbuden reinzubringen, in diesem einzigartigen Fall so gut wie unmöglich zu bewerkstelligen ist. Denn eines müssen Sie wissen: Der Kaffee ist der Treibstoff für pädagogisches Personal. Ist der leer, dann haben die Kinder mehr Freispiel als üblich und können endlich einmal ungestört machen was sie schon immer mal tun wollten: Förderfreien Unsinn. Ist das nicht herrlich? Kein Kaffee für Erzieherinnen heißt also: endlich Kind sein zu dürfen! Hier haben die kleinen Racker die einmalige Gelegenheit den Erziehungsstil des Laissez-Faire bis weit über die Grenzen des Erträglichen hinaus praktisch zu erproben und empirisch nachzuweisen. Also, zum Thema pädagogisches Freispiel fällt mir im Grunde ein Paradebeispiel aus einem Kinderhort ein, in dem plötzlich 15 Kinder wegen besagten Kaffeemangels unvermittelt und ganz freiwillig begannen, ihre Mathematikhausaufgaben zu machen. Einfach so. Ohne aufzumucken, ohne zu Murren und obendrein noch voller Freude. Da stimmte doch irgendwas was nicht. Das dachten sich einige helle Erzieherinnen und überlegten sich, hieraus fachliches Kapital zu schlagen und einen neuen pädagogischen Erziehungsansatz zu kreieren. Bis heute überlegt man sich in Fachkreisen noch einen Namen für diese neue Gangart in den Kinderbetreuungseinrichtungen. Da kursieren Fachbegriffe wie Eduscho-Sensorische Didaktik oder Kiddichino-Ansatz. Man kann an dieser Stelle eindeutig feststellen: Kaffeemangel bei Erzieherinnen scheint auf alle Fälle förderlich für die Spontaneitätsentwicklung unserer Zöglinge zu sein. Derartige bahnbrechende Entwicklungen innerhalb der pädagogischen Erziehungsstrategien müssten zwingend wesentlich mehr Beachtung in der Praxis finden und ließen sich mit an hundert Prozent grenzender Wahrscheinlichkeit auch in akademischen Studien sozio-neurologisch nachweisen.

Aber wehe dem, wenn der Kaffee in Hülle und Fülle vorhanden ist, dann avanciert das Unmögliche zum Möglichen: Es zeigt sich die multiprofessionelle Fachlichkeit einer Erzieherin ausschließlich von ihrer glanzvollen Schokoladenseite. Da wird mit situationsorientierten Handlungsmethoden das Kind von Fördereinheit zu Fördereinheit getrieben, frisch voran im guten Glauben daran, alle präinfantilen Defizite dieser Welt ausschließlich in postadoleszente Ressourcen zu verwanden. Der Kaffee wird hier zum Kitt für Anpassungsprozesse außer- und innerfamiliärer Enkulturation, Sozialisation und Personalisation. Erst wenn der Tank voller Kaffee ist, laufen Erzieherinnen zu fachlichen Höchstformen auf und man sieht sich einem hochqualitativen Erziehungsmanagement gegenüber wie es einem nur noch analog im Qualitätsmanagement des Controllings begegnet.

Doch ist es längst nicht genug der Tatsache einer hochqualitativen Arbeit verpflichtet, dass es Kaffee in Hülle und Fülle gibt, nein, hier lassen sich Qualitätsmerkmale pädagogischen Handelns durchaus noch viel differenzierter betrachten: Denn, je nachdem wie der Kaffee zubereitet ist lässt sich spielend leicht für jeden Laien der persönliche Erziehungsstil einer pädagogischen Fachkraft – frei nach dem Prinzip der Kaffeesatzleserei – ablesen: So steht beispielsweise Kaffee schwarz für „Schwarze Pädagogik". Die Erklärung hierfür liegt doch auf der Hand: Zeig mir deinen Kaffee und ich sage dir wer du bist. Schwarze Seelen gehen in die psycho-pädagogische Tiefe und stellen stets ein in allen Bereichen hohes autoritatives Anforderungsprofil an ihre Schützlinge. Kaffee weiß hingegen repräsentiert die „Weiße Pädagogik" und steht vom handlungsleitenden Prinzip den Schwarzkaffeetrinkern diametral gegenüber. Hier können Sie in jedem Fall davon ausgehen, dass die Milch im Kaffee zur Erhellung eines pädagogischen Erkenntnisansatzes mit eher lockerer demokratischer Prägung beiträgt. Und wie sieht es mit den Kaffeeversüßerinnen aus? Hier tummelt sich die Gattung der „Süßen Mäuse" unter den Erzieherinnen und sie schöpfen – nomen est omen – den Begriff der „Grauen Pädagogik". Ja, der im Kaffee aufgelöste Zucker geistert in den Grauzonen der Wasser-, Milch- und Kaffeemoleküle umher, will heißen, die pädagogische Geisteshaltung dahinter ist das Bindemittel eines besonderen Harmoniebestrebens zwischen den aus allen Himmelsrichtungen einwirkenden differenzierten Anforderungen an alle am Erziehungsprozess beteiligten Personen.

Puh, wer diese pädagogischen Erkenntnistheorien in irgendeine Art und Weise in seine Hirnwindungen platziert bekommt, der ist wahrlich für diesen Beruf gewappnet und unwiderruflich von der Educationssucht befallen. Es ist ja doch hinlänglich bekannt, dass der Beruf der Erzieherin nicht nur eine Ausübung einer fachlichen Tätigkeit mit geringer Wertschöpfung ist, nein, es ist eine Berufung zu geistigen Höhenflügen und irdischen Entsagungen, außer denen von Kaffee. Tja, spätestens ab jetzt drängen sich eine ganze Menge weiterer Fragen zum Berufsstand auf. So zum Beispiel der nach den männlichen Kaffeeerziehern (gibt es diese Spezies überhaupt?). Und die Frage nach den Teetrinkern haben wir hier auch noch nicht abschließend erörtert (ach du lieber Gott, wer trinkt denn in dieser Branche Tee?).

Also, kaffeetrinkende Erzieher, das männliche Pendant weiblicher Kolleginnen, sind ja bekanntermaßen Mangelware in der Kinderbetreuungsarbeit. Nun weiß man ja nicht so genau welche Ursachen das hat. Ob es allein am Kaffee liegt oder gar am dienstrechtlich verordneten Mangel an Geld und Bier? Da finden wir dann doch die männliche Spezies vermehrt auf Baustellen wieder. Aha! Offensichtlich benötigt der Mann dann doch die Freiluftatmosphäre kombiniert mit Hopfenblütentee. Nun müssten die Verantwortlichen für die Personalpolitik in den Kinder- betreuungseinrichtungen an einem neuen Image für

Erzieher arbeiten. Der Dienst des Mannes am Kinde mit Fass-Kaffee, oder so ähnlich. Der derzeit handelsübliche Erzieher mit Kaffeetasse in der Hand wirkt da im Vergleich zu seiner selbstbewussten Kollegin etwas unbeholfen im öffentlichen Auftreten. Das macht sich dann auch irgendwie exemplarisch in seinen Fußballprojekten bemerkbar. So ist mir letztens bei einem Kita-Fußballturnier aufgefallen, wie mehrere Erzieher mit Kaffeetassen in der Hand beieinanderstanden und voller Sehnsucht einem Getränkelastwagen mit aufgedruckter Bierwerbung hinterher blickten während sich auf dem Spielfeld die Kinder in feinster Fußballer-Stammtischmanier gegenseitig anpflaumten.

Nun, es hilft alles Lamentieren nichts, neue Erzieher brauchen das Gefühl von Hopfenblütenkaffee, damit auch hier die maskulinen Erziehungsaspekte geschlechtertypisierter Erziehungskonzepte besser zum Tragen kommen. Denn schließlich benötigen Kinder auch männliche Vorbilder. Und hier zählt allein das kindgerechte Motto: Besser den Erzieher an der Hand als den Macho in der Kneipe. Und letztlich dient der Kaffee auch der pädagogischen Theorieentwicklung. Wie viele Pädagogen haben zu Zeiten der Aufklärung und darüber hinaus im stillen Kämmerlein am Schreibtisch gesessen und unzählige Konzepte pädagogischen Handelns entwickelt. Das alles haben wir wahrscheinlich allein dem kaffeeproduzierenden Gewerbe zu verdanken: Denn ohne dieses bittere Gesöff, hätten viele denkende Männer unter Umständen der Lehrstube die Bierstube vorgezogen. Es liegt also offensichtlich am Bitterstoff, den Männer mögen, um sie zu etwas zu bewegen. Ergo benötigen wir dringend ein Programm zur neuronalen Umprogrammierung männlicher Motivationsobjekte von Bier auf Kaffee – und siehe da, schon würden wir einen männlichen Run ungeahnten Ausmaßes auf die Erzieherausbildungsstätten dieser Republik erzeugen.

Ach so, die Teetrinker wollen an dieser Stelle auch nach den in der Erziehungsbranche bestehenden berufsethischen Prinzipien die gleichberechtigte Beachtung wie ihre erziehenden Kaffeekolleginnen finden. Sie entspringen ihrem Wesen nach aus biologisch-dynamischem Anbau entgegen ihrer konventionellen Kaffeekolleginnen. Die teetrinkenden Erzieherinnen sind allerdings ähnlich gestrickt wie ihre männlichen Kollegen: Sie bemerkt man kaum, da zahlenmäßig weit unterlegen. Bei Teetrinkerinnen ist das so wie mit der fünften Zahl hinter dem Komma: man nimmt keine Notiz von ihnen. Männliche Erzieher, die Tee trinken, gibt es gemäß meinem kosmopolitischen Kenntnisstand über globalisierende Prozesse und Ereignisse erst gar nicht. Daher sind sie in der ethnographischen Forschung als Forschungsgegenstand im Berufsfeld als entscheidende Variable innerhalb von Bildungsprozessen zu vernachlässigen. Und da wir schon dabei sind, stellt sich ja bei diesem Thema die alles entscheidende Frage: haben die teetrinkenden Erzieherinnen einen validen Einfluss auf lerntheoretische Biografieverläufe und auf erzieherische Gestaltungsprozesse ihrer Erziehungssubjekte? Bei genauerer Betrachtung dieses Umstandes müssen wir konstatieren: Ja, die Fraktion der Teeerzieherinnen haben durchaus Einfluss auf die Gestaltung ihrer Wirklichkeit. Im klassischen Sinne des Organisationsmanagements können tatsächlich Spuren von Wirkmechanismen innerhalb von Lern- und Bildungseinheiten im Erziehungsalltag von Kinderbetreuungseinrichtungen gefunden werden. Insbesondere im Bereich psychohygienischer Erziehung, beispielsweise Meditationsprojekte mit Inhalt der Selbstauflösung einer co-konstruktiven Wirklichkeitsgestaltung von Kindern, kommen die Kräuter-Erzieherinnen voll auf ihre Kosten. Erzieherinnen dieses Schlages sind äußerst zart, liebevoll und schweben entrückt über der pädagogischen Konzeption. Da transferiert sich auch schon mal die Erziehungsmethode des Individuell-Freegaming mit Selfconfidence-Elementen didaktisch als Koch-Event mit modifiziertem Live-Balance-Effekt für den ganzen Stadtteil und darüber hinaus. Das, meine Damen und Herren, ist gemeinwesensorientierter Situationsansatz pur, wie ihn derart fachlich versiert und qua Amtes nur die Tee-Erzieherinnen praktizieren können. Allerdings kommen in der Regel derartig monumentale Projektangebote wegen mangelnder Partizipation der Kinder an den Angeboten ihrer kindlichen Lebensumwelt über die erste Sitzung nicht hinaus, weil die überwiegend erwachsenenfixierte Erziehungsarbeit der Tee-Feen Kinder doch zu sehr in die Nebenrolle ihrer eigenen Lebenswelt drängt. Da hilft nur noch eins: Tee trinken und abwarten ob der fachlichen Dinge, die sich da noch am Erziehungshorizont zu entwickeln scheinen.

Es liegt auf der Hand: Wir müssen um den Erhalt aber auch um den Wert des Kaffees in der Kinderbetreuungsarbeit kämpfen. Notfalls unter Konsultation der Gewerkschaften und mit Streik. „Ohne Stoff nur Zoff" heißt das Motto. Erziehungsarbeit und deren Qualität ist in starkem Maße abhängig vom Stoff, aus dem der Antrieb gemacht wird. Motivation heißt hier das fachliche Zauberwort. Die aus dem Lateinischen „motivus" hergeleitete Bezeichnung für den Antrieb des Menschen, etwas zielgerichtet zu tun, treibt das Erziehungsvolk der gesamten Republik mehrmals am Tag reihenweise in den Ansporn stets Kaffee parat zu haben, damit die handlungsrelevanten Gelenke zur Verrichtung sinnvoller Erziehungsarbeit auch ordentlich geschmiert sind.

Sehen Sie, jetzt wissen Sie was eine gute Erzieherin ausmacht, erst der Kaffee adelt sie zu dem was sie ist, denn ohne Kaffee ist die Erzieherin wie Regen ohne Tropfen.

Steinig und Grau

Ist dein Leben Steinig und Grau?
Findest du dein Dasein nur Lau?
Was macht das Ganze für einen Sinn?
Wenn du nur glaubst, alles ist hin?
Willst du verändern den Weg und den Blick?
Trete zur Seite, gib den Steinen ein Kick.
Es gib ein Mittel dagegen,
es ist wahrlich kein Trick!
Schau nach oben,
dort ist es sonnig und blau!
Lass' andere nur denken,
du hättest ein' Hau.
Sie sollen ruhig leben ganz grau
und wie Stein,
du änderst die Richtung,
dein Leben wird fein.
So wird aus holprigem Wege
ein Pfad voller Glanz,
sei einfach nur du und genieße es ganz!

Von kleinen und großen Engeln

Es gibt Tage, da stellen wir uns hin und wieder die Frage, an was oder wen wir eigentlich glauben? Nach einer ruhigen Nacht stehen wir voller Mutes morgens auf, der Duft des Kaffees – oder auch genüsslichen Tees - haucht uns eine Ahnung davon ein, ach, wie schön der Tag doch werden kann. Ein Lichtermeer aus bunten Farben rauscht in seinem Schein durch das Fenster frisch hinein, das Funkeln der lieblichen Sonnenstrahlen schenkt uns die zauberhaftesten Farbenspiele und lässt die Seele daran erfreuen. Mein Herz, es jauchst und fängt an frei zu tanzen und ich könnte gar die Welt umarmen. In solchen Momenten gibt es keine Zweifel an einer uns liebevoll umarmenden schöpferischen Existenz. Und mit einem Male tanzen alle meine Engel um mich herum, spüre gar ihre Lebenskraft und ich bin jedes Mal von Neuem mir von ganzem Herzen ziemlich sicher, dass es wahrlich Gott doch gibt. Wahrscheinlich fragst du dich auch gerade, wie man einen solchen Engel spüren oder sogar sehen kann?

Engel zu erkennen ist für mich ganz einfach, denn bereits meine Kinder sind mir von Gott gesandte Engel. Nun, allein das Lächeln eines Kindes ist der beste Beweis dafür, dass ich es hier mit einem Engel zu tun habe, mit einer Seele, die nichts anderes will, als ihre Liebe in die Welt zu tragen. Mit all seinen

Erfahrungen, ob sie schön oder weniger schön sind, sie gehören einfach zum Leben innerhalb der göttlichen Existenz dazu. Und wenn das Lächeln in seiner Reinheit sich auf mein Gemüt gar überträgt, dann, ja in meinem Lächeln zeigt es sich, dann hat Gott mich sanft berührt und mir einen Engel gesandt.

Und wenn du dir nicht sicher bist, ob es einen Gott tatsächlich gibt, dann erfahre selbst wie es sich anfühlt, in die Augen eines lachenden Kindes zu schauen; oder nehme dir, falls es dir noch möglich ist, ein Neugeborenes in deine Arme und erspüre was es mitgebracht, aus einer fernen Welt, von der du glaubst, dass du sie nicht kennst. Dabei haben wir doch nur vergessen, aus welch Verborgenem wir kommen. Denn selbst die göttliche Geborgenheit, die du im Mutterleib verspürtest, ist ein großartiger Ausdruck einer noch viel größeren Geborgenheit, die uns die Schöpfung und das Leben schenken. Der Schmerz, den wir durch die Geburt erlebten, lässt uns alle scheinbar vergessen, was Liebe und was Geborgenheit bedeutet. Aber wir werden nicht alleine gelassen: Nämlich, wenn wir als himmlische Söhne und Töchter unsere Augen nach langer Reise durch die Seelenwelt der Engel wieder aufmachen, dann sehen wir in unseren Müttern und Vätern, in unseren Großmüttern und Großvätern, bekannte Engel, die uns Gott geschickt hat.

Ostern = Transformation?

Wer kennt das nicht? Alles ändert sich in einem Fort um einen herum. Die technische Entwicklung rast davon: Nichts ist älter als der Computer von morgen. Die Nachrichten reißen sich um eine neue Meldung nach der anderen: Nichts ist bekannter als die News von morgen. Die Kinder entwickeln sich schneller als man die Zahl 18 aussprechen kann, und schon sausen sie in ihrem Auto davon. Arbeitsplätze werden gestrichen und werden neu geschafften: Nichts ist unsicherer als ein Arbeitsplatz. Freundschaften finden und verlieren sich: Nichts ist unbeständiger als Beziehungen. Alles wandelt sich ständig: Nur der Wandel ist beständig! Transformation ist ein universelles Gesetz!

Mit diesem Wandel müssen wir leben. Zu diesem Wandel tragen wir persönlich durch unser Wirken bei, entweder durch unsere Arbeit, mit unserem Hobby oder im privaten Leben. Permanent müssen wir auf neue Entwicklungen reagieren. Manches bekommen wir mit, manches nicht, manches Neue „überfällt" uns, manches dauert uns in der Entwicklung viel zu lange, manches schein sich kaum zu bewegen und wiederum andere Dinge hätten wir gerne so gelassen wie sie sind. Never change a runnig system: Wir unterliegen einem unumkehrbaren Wandlungsprozess in allen Bereichen unseres Lebens, ganz gleich ob wir das wollen oder nicht.

Doch wie sieht es mit unseren persönlichen Eigenschaften, mit unseren Verhaltensweisen oder mit unseren innersten Gedanken aus? Wie flexibel reagieren wir in unserem Charakter auf neue Erkenntnisse und auf neue Situationen? Den neusten Fernseher oder das neuste Smartphone hätten wir dann doch schon gerne recht schnell. Da sind wir auf dem Stand der neusten Entwicklung. Neuerungen im Job, na ja, da stocken wir dann erst einmal und überlegen, welche Wirkung Neuerungen für einen haben, sei es Mehrarbeit oder Wegrationalisierung, die Neuerungen mit sich bringen – da sind wir erst einmal etwas mehr träge als in der Anschaffung neuer Techniken und brauchen etwas länger, um den Anweisungen „von oben" bedingungslos zuzustimmen.

Und dann ist da noch die Mind-Transformation: Die Veränderung unserer Einstellungen und unserer Persönlichkeit. Die scheint ja am aller wenigsten vom Wandel der Zeit mit zu bekommen. Neuste Erkenntnisse aus Psychologie, Philosophie oder sonstigen mentalen Trendsettings werden zwar gerne wahrgenommen und es werden auch eifrig Statements abgebeben. Aber so richtig in das eigene Verhalten oder in die eigene Einstellung bauen wir die neuen Trends dann doch nicht so gerne ein. Lieber reagieren wir in altbewährter Manier auf bekannte Situationen und auf neue Situationen, da reagieren wir auch automatisch nach geprägten Mustern.

Schließlich ist das zum Glück der einzige Bereich, in den uns sich schnell niemand hineinpfuschen kann: Mein Selbst! Da stehen wir ganz schnell auf dem beharrlichen Standpunkt: Das lasse ich mir von niemandem ändern! Und das ist auch gut so!

Wandel und Veränderung im eigenen Mind-Set, in den eigenen Haltungen, Verhaltensweisen und Gedanken, das ist in der Tat „Privatsache"! Da hat sich niemand ein zu mischen! Das ist mein Expertengebiet. Da kann mir niemand einen wirksamen Ratschlag geben, solange ich das nicht will. Wer meint, es besser zu wissen, was mit mir ist, wer ich bin oder wie ich ticke, der beißt bei mir auf Granit, den weise ich ab, der kann mir gestohlen bleiben. Über das Thema Veränderung rede ich nur, wenn ich das will! Hier finden wir einen Moment der Homöostase vor: Ist ein Ich im Gleichgewicht mit sich selbst, dann wird das Thema Veränderung aus dem Bewusstsein heraus selektiert, sprich, nicht wahrgenommen. Wozu auch. Solang ich zufrieden mit mir bin, so lange verändere ich auch nichts an mir. Es sei denn, ich möchte meine Zufriedenheit noch steigern und eigne mir Informationen an, die das Wohlbefinden festigen oder stärken. Das geht auch. Und in diesem Moment wird Veränderung im Sinne einer positiven Ergänzung des Status Quo als etwas Angenehmes empfunden.

Doch was ist mit den Veränderungen, die man eher als notwendiges Übel erfährt, weil eine einstmals angenehme Situation plötzlich eine Wendung erfährt und nicht mehr als angenehm, sondern als belastend erlebt wird? Oh ja, das ist mir jetzt aber unangenehm, dass ich mich damit beschäftigen muss, meine Situation zu reflektieren und auch noch Anstrengungen anstellen muss, die Bedingungen, die zu der Misere geführt haben, aktiv zu verändern. Kann es da nicht jemanden geben, der mir das abnimmt? Kann dieser Kelch nicht an mir vorbeiziehen? Herr Gott, was habe ich getan, dass ich so leiden muss? Warum ich?

OK, es hilft alles Jammern nicht. Der Mann am Kreuz hat es uns allen vor gemacht: Er hat sein Kreuz getragen, hat sich mitsamt seiner Sorgen daran nageln lassen und durch seinen eigenen Tod alles mit in den Transformationsprozess genommen, um am dritten Tage alle Sorgen in Freude zu verwandeln. Ist das nicht großartig? Wir alle haben Angst vor Veränderungen. Aber eben nur davor! Haben wir den Schritt der Veränderung vollzogen, dann liegt die Angst hinter uns. Also: Ostern als Transformationssymbol hat eine wichtige Botschaft für uns: Stehst du mit all deinen Belastungen vor der Angst der Veränderung, dann gehe durch die Angst hindurch, halte den Schmerz aus und verwandle ihn anschließend in ein freudiges Ereignis, nämlich in

Befreiung von den Sorgen sowie in ein Fest der Selbstbestimmung!

Wie das geht? Ganz einfach: Habe Vertrauen in deine Selbstheilungskräfte. Habe Mut zur Umwandlung alter Haltungen, Einstellungen und Verhaltensweisen. Probiere Neues. Hole dir Hilfe! Lass dich begleiten. Vertraue dich an! Vertraue dir selbst! Vertraue!

Willst du all deine dich belastenden Situationen los werden? Dann stehe auf, blicke auf das, was dich belastet, werfe von Bord was dir nicht guttut und gehe einen Weg, den du noch nicht gegangen bist – gehe auf Pfaden, die noch niemand gegangen ist, sonst hinterlässt du keine Spuren!

LEBE DICH SELBST STETS NEU! Das ist Ostern! Das ist Transformation!

Chirurgie der Leidenschaft

Leidenschaft ist ein Gefühl, das Leiden
schafft.
Wenn ein geliebter Mensch sich abwendet,
wenn die Liebe erlischt
und ersetzt wird durch Leidenschaft
dann ist das ein chirurgischer Eingriff
mitten durchs Herz –
es verblutet entzweit
im unendlichen Strom der Tränen
vermengt sich das bittere Blut
und schreit im Leiden der Glut
der Schmerz will sich winden und grämen.
Alles was bleibt
sind das Skalpell und die Leere.

Nehmende Freundschaft

Theaterstück in 3 Akten
(anlässlich des Familiengottesdienstes zum Thema „Ein Freund, ein guter Freund" in der Evangelischen Festeburgkirche in Frankfurt am Main, am 14.09.2003)

1. Akt: Telefongespräch.

Bühnenaufbau: Trennwand, Telefone, Spiegel, Putzeimer…
Thema: Hagar steht vor dem Spiegel, schaut sich an, sagt, dass sie einen Friseur gebrauchen kann. Sarah ist am Putzen und Staubwischen, hat eine Erkältung und putzt sich die Nase. Hagar ruft Sarah telefonisch an.

Hagar: Hallo Sarah, ich bin's Hagar. Wie geht es Dir denn so?

Sarah: Hallo Hagar, na ja, schön, dass du anrufst. Eigentlich geht es mir gerade sehr schlecht. Ich bin schrecklich erkältet, husten schnupfen und so, ich glaube ich bekomme Fieber. Ich werde wohl mal eine Kur beantragen müssen… und… (Hagar unterbricht und übergeht das Ganze).

Hagar: Ach, na ja mir geht es ja auch nicht so gut… aber stell dir vor, ich muss zu einem Klassentreffen gehen, morgen. Jetzt hab' ich Ärger mit meinen Eltern, weil die den kleinen Patrick nehmen sollen und deshalb meinen, ich würde mich nicht genug um ihn kümmern. Ich brauche halt auch meine Freiheiten. Jedenfalls brauche ich eine neue Frisur. Strähnchen, was meinst Du? Ich habe gleich einen Termin. Kannst Du mir deshalb den kleinen vom Kindergarten abholen um 5.00 Uhr? Das ist lieb, ich hole ihn dann so um…sagen wir mal 8.00 Uhr ab? Zum Essen brauchst Du nix machen, ich muss eh abnehmen… Ach ja, und dann wollt ich Dich fragen, ob Du mir 200 € leihen kannst, weil ich so ein reduziertes Kostüm gesehen habe, das würde mir fantastisch stehen. Meinst du das geht?

Sarah: Na ja, Du hättest mir schon früher Bescheid sagen können. Aber gut, ich hole den Kleinen ab.

Hagar: Gut, und dann würde ich dich bitten, mich morgen um 9.00 Uhr nach Fulda zu fahren zum Klassentreffen, du weißt ja wie das als alleinerziehende Mutter ist.

Sarah: Äh... (stockt) ich weiß nicht ob ich fahren kann… ich bin doch krank.
Hagar (unterbricht): Ich wusste, dass ich mich auf dich verlassen kann. Also dann bis morgen.

2. Akt: Spaziergang vier Wochen später.

Bühnenaufbau: Teppich, diverse Utensilien
Inhalt: Renovieren, Besuch aus der Tschechei, Kurantrag genehmigt

Sarah: Du, ich habe die Kur genehmigt bekommen, das ist doch klasse, oder? Am Montag geht es schon los.

Hagar: Wie Kur? Was für eine Kur? So krank bist du doch gar nicht, wegen der paar Erkältungen im Jahr. Ich sollte eine Kur bekommen. Und dann kannst Du mich doch nicht so einfach hier alleine lassen, Du weißt doch, ich habe niemanden. Lass mich doch nicht alleine!

Sarah: Hey, ich lass dich nicht alleine, aber ich brauche die Kur so dringend. Die Kinder und dann die Schwiegermutter, alles wird immer schwieriger und angespannter und überhaupt…

Hagar (unterbricht): Ach, übrigens: Ich brauche deine Hilfe! Ich bekomme am Wochenende Besuch aus der Tschechei und muss meine Wohnung vorher renovieren. Es ist sonst keiner da, der mir helfen kann. Du hilfst doch?

Sarah: Eigentlich habe ich keine Zeit. Ich muss doch die Koffer packen für die Kur.

Hagar (springt auf und ist sauer): also hör mal, Du kannst mich jetzt nicht im Stich lassen, du musst mir helfen, gerade weil du dann weg bist. Frag dich einmal nach Hilfe und du kannst nicht, dabei redest du immer von christlicher Nächstenliebe und dass du für alle Menschen da sein willst, das bist du, nur nicht für mich! Ich bin doch auch immer da, höre dir immer zu…

Sarah (beschämt): Hm, na ja Du hast ja recht. Also gut ich helfe Dir. Kann ja meine Koffer am Montag vor der Abreise packen, werde ich schon schaffen
Hagar (steht auf und umarmt Sarah): Ich wusste ich kann mich auf dich verlassen.

3. Akt: Telefongespräch.

Bühnenaufbau: Trennwand, Koffer, Telefone
Inhalt: Kurende, Babysitter, neuer Freund

Sarah: Hallo Hagar, ich bin wieder aus der Kur zurück… wie geht es Dir? Mir geht es gut. War wirklich sehr gut für die Kinder und mich. Und kaum zu Hause angekommen kehrt der Stress mit den Schwiegereltern wieder ein. Mein Mann hat inzwischen eine Wohnung gefunden, die wir uns am Wochenende mal anschauen wollen und da meine Schwiegermutter ja so krank ist, wollte ich dich fragen, ob du mal meine Kinder nehmen kannst.

Hagar: Na ja, mir geht es prima. Aber weißt Du, bei mir hat sich auch eine Menge getan in den letzten 4 Wochen, ich habe einen neuen Freund, der Mann für das Leben. Ich spüre das. Und wir wollten da eigentlich schon ins Kino gehen. Also ich kann mir das nicht

versauen, ich kann Deine Kinder nicht neh-
men das verstehst du doch?

Hagar (völlig überrascht): Ich weiß gar nicht
was sie hat. Blöde Kuh…da sag' ich einmal
nein und schon ist sie sauer.

ENDE

Feuer und Luft

Es begann mit einer Flamme,
die erhellt durch einen Hauch,
da kam das Leben nun in Gange,
und die Liebe saß im Bauch.
Die Flamme sprach, komm,
lass uns leben und uns lieben gar,
die Luft ganz angeheizt, sie sprach:
Was sonst? Na klar!
Sie fuhr mit ihrem Geiste die Flamme
hoch zu Lichte,
sie trieb damit die Liebe an
und vertrieb dabei das Triste.
Das Feuer heizte nun die Lüfte an
und jauchzte himmelhoch,
die Lüfte indes stark und kräftig
machte alle Leinen los.
Es brodelte und wirbelte,
dass es nur so krachte,
die Liebe fühlte alles
und ließ sich nicht mehr bändigen,
die Leidenschaft erhob ihr Antlitz
und niemand daran dachte,
dass das Feuer und die Luft,
in ihrer Energie nie endigen.
Da brach er aus, der Feuersturm und
brannte alles nieder,
ach, bring zurück das zarte Flämmchen
und das laue Lüftchen,
damit die Liebe sich erfreuen kann
an Wärme und an Äther,
und knüpfen an mit Glut und Duft,
an unseren früheren Wünschen.

Der Chip

Eine sensationelle Entdeckung sorgt für Furore sowohl in der Fachwelt als auch in der Öffentlichkeit. Österreichische Wissenschaftler der Universität Sankt Rötsli, unter Professor Dr. Dr. H.C. Leopold Krasnik und seinem Team am Institut für Informatik, Informationskommunikation und Bionik, haben Mikrochips in Haarfärbe- und Tönungsmittel nachgewiesen. Umfangreiche empirische Studien an 1500 Probanden aus 15 Ländern der westlichen Hemisphäre haben das Ergebnis bestätigt. Krasnik: "Zunächst untersuchten wir die Feuchtigkeitsabweisung der Färbemittel auf der keralogischen Struktur des Haares, so wie wir sie bei den Borsten von Wildschweinen her kennen. Dabei stand die Leitfähigkeit des Haares im Vordergrund, um bei Schlaganfallpatienten den elektrischen Neuronenfluss von den unterbrochenen Nervenbahnen des Rückenmarks über die verhornten Schichten der Körperbehaarung zu lenken. Die durch den zirkulativen Elektronenfluss entstandenen elektromagnetischen Strahlen transportieren wichtige Neuroneninformationen an die Schaltstellen der Nervenfasern des Haares weiter. Und hier liegt die eigentliche Sensation unserer Entdeckung. Wir haben einen alphanumerischen Enigma-Code bei der Aussendung der Strahlung identifiziert. Das müssen Sie sich etwa so vorstellen wie ein Op-Code auf der Verpackung einer Kaufhausware, zum Beispiel eines Waschmittels. Der hierbei angelegte Code steht jederzeit zur Abrufung bereit und kann zu jedem Zeitpunkt über einen Radar-Scan geortet werden, wie er beispielsweise beim CB-Funk oder bei amerikanischen Flugzeugträgern zur autofokussierten Lenkung ihrer Kampfmaschinen seine Verwendung findet. Das hat uns natürlich stutzig gemacht und wir haben weiter geforscht. Nach Wochen der Mühsal haben wir endlich den Sender in Form eines Mikrochips gefunden, der sich an die Ausbruchstelle des Haares an der Kopfhaut eingenistet hat". Weitere Untersuchungen haben ergeben, dass die versendenden elektromagnetischen Wellen schwache Impulse im Mittelwellenbereich um 533 kHz aussenden. Dieser Wellenbereich reicht aus, um sich über den gesamten Globus zu verbreiten und an jedem Ort mit entsprechenden Gerätschaften empfangen zu werden. Die Verfolgung der Wellen hat ergeben, dass sie einerseits in Japan und andererseits in den USA empfangen werden. Die reziprok vom Chip empfangenen Wellen enthalten binäre Botschaften des Codiergerätes "Enigma", wie es von den Nationalsozialisten während der U-Booteinsätze des 2. Weltkrieges eingesetzt wurde. Detaillierten Recherchen zu Folge haben die Botschaften psychogene Wirkungen. Binäre Codes setzen sich direkt an die Neuronen im Gehirn und lenken den elektrochemischen Neuronenfluss an gezielte Stellen im vegetativen System um. So wurde an zwei Probanden festgestellt, dass sie innerhalb zweier Zeitabstände empfindliche Aggressionen gegen bestimmte Zielgruppen ausagierten. Anschließende Gespräche mit den Probanden wiesen darauf hin, dass eine retrograde Amnesie zu Gedächtnisschwund führte; die Probanden konnten sich ihre Handlungsweisen hinterher einfach nicht erklären, was darauf zurückzuführen ist, dass die Neuronenströme über die chemische Zusammensetzung des Haarfärbemittels imstande sind, sich nach einigen Stunden selbst aufzulösen, so dass eine Einprägung ins Stammhirn nicht stattfinden kann - eine Erinnerung ist somit erat demonstrandum ausgeschlossen. Krasnik: "Dies hat zur Folge, dass das Pentagon in Zusammenarbeit mit der japanischen Ohm-Sekte jederzeit Zugriff auf den Willen der Menschen hat. Nicht auszudenken, wenn die USA für ihren nächsten Feldzug gegen die von den Russen infiltrierten asiatischen Gebiete Soldaten aus Europa, vornehm aus dem deutschsprachigen Raum, rekrutieren möchte. Hier stehen mächtige Interessen der USA gegen simple Menschenrechte. Die Öl- und Gasreserven der Russischen Föderation, der von China und der Mongolei hegen Hegemonialbestrebungen der USA gegen etwa 3 Milliarden unschuldige Menschen. Der nächste globale Krieg scheint unmittelbar bevorzustehen. Und das wird die letzte Amtshandlung des Homo Sapiens gewesen sein". Wie die Chips in die Haarfärbemittel gelangen und wie sie sich allerdings an die Haarausbruchstelle festsetzen, ist im Moment noch unklar. Krasnik geht davon aus, dass Nannokohäsionsmittel an den Mikrochips für den notwendigen Halt an der Haarausbruchstelle sorgen. Krasnik meint hierzu zuversichtlich: "Wenn wir diesen Prozess der Festsetzung des Mikrochips erforscht haben, ist es grundsätzlich möglich, ein Gegenmittel herzustellen, welches die Haftungsstellen auflösen. Nach der Färbung des Haares ist es mit einer einfachen Spülung möglich, den Chip, ähnlich wie beim Befall der Haare von Läusen, einfach herauszuwaschen." Fazit: Prof. Krasnik stellt folgerichtig seine Befürchtungen dar und kann nicht ausschließen, dass ähnlich verschwörerische Vorgänge bei Tätowierungen oder beim Piercing zu beobachten sein könnten. Untersuchungen hierzu sind bislang an den nicht bewilligten Forschungsgeldern gescheitert. Prof. Krasnik warnt deshalb alle Nutzer vor solchen plastischen körperchirurgischen Schmuckmitteln als psychoschädigend und fordert deshalb vom Wirtschaftsministerium eine lückenlose Aufklärung dieses skandalösen und menschenunwürdigenden Sachverhalts. Petitionen und wissenschaftliche Beratungen wurden bislang von Prof. Krasnik bei Amnestie International initiiert. Die Uno will den Sachverhalt ebenfalls auf Druck von Greenpeace hin prüfen lassen und ordnete deshalb bei den westlichen Regierungen die Rücknahme der Färbeprodukte an. Doch leider ohne Erfolg, da der politische Wille einzig Ländersache sei, wie der Vorsitzende der rechtspopulistischen Kärntner RPÖ, Jürgen

Hammer, unmissverständlich öffentlich dar-
legte.

Die Wurzeln des Lebens

*Der Geist ist
der Ursprung allen Seins!*

Das Leben nimmt seinen Anfang
in der Saat Gottes.

Hier stattet der kreative Schöpfer des Universums und der Welten den Menschen mit den Grundlagen seiner unendlichen Liebe aus. Noch während das Saatgut in den Armen der väterlichen Obhut und dem mütterlichen Schutze keimt und kräftig gedeiht, beginnt der lebensspendende Künstler des Himmels mit der Ausformung der inneren und äußeren Gestaltung seiner Idee von einem einmaligen und einzigartigen Menschen. Und gibt durch gesegnete Reifung der kleine Mensch nach dessen wundersamen Geburt seinen klangvollen Urschrei zum Besten, wirft der Herr die Tentakel seiner unendlichen Geborgenheit mit einem für alle im Universum Anwesenden laut hörbaren Halleluja um das zarte und liebenswerte Wesen mit Deinem Namen.

Eingebettet in die zarten Umarmungen einer liebevollen Umgebung legen die von Gott mit tiefem Glück und hoher Verantwortung verliehenen stolzen Eltern in ihrem Kinde einen immergrünen und blühenden Grundstock für eine unvergessliche erlebnisreiche und lehrreiche Reise ins Leben. Noch während das junge Menschenkind sich voller

Neugier und Tatendrang ins Gewühl der Lebensereignisse stürzt, wird es im Zuge der eigens erlebten staunenswerten Erfahrungswelten stets gewahr mit der tief verwurzelten Verbundenheit mit dem Odem des Lebensgeistes, welcher sich durch Gottes Gnade verpflichtet fühlt der Seele in dunklen Stunden trostspendend und lichtbringend beizustehen. In diesem heilbringenden Sinne wirst DU stets intuitiv in den verborgenen Tiefen ihres Selbst von der niemals versiegenden Quelle des göttlichen Beistands schöpfen können ohne Angst und mit der Gewissheit auf die von Anbeginn des Lebens versprochene Sorglosigkeit.

Wer sich seiner Wurzeln in Gott besinnt, kann sich sicher sein, einen festen Pfad vorzufinden, der sowohl wegweisend als auch sinnstiftend in Wahrheit und Weisheit münden wird. Gehe diesen Dir vorgezeichneten Weg in Treu und Glauben an das was der Herr Dir als Lebensaufgabe zur Vollendung Seines Werkes aufgetragen hat und Du wirst mit Stolz und in Freude zu Dir selbst in Licht und Liebe gelangen!

Mit diesen Zeilen innewohnenden lieben Grüßen wünschen wir Dir – liebe Leserin und lieber Leser – auf den noch vor Dir liegenden Lebenszeiten Erfüllung bringendes Glück in den Wurzeln Deines Selbst und Deiner Familie.

Der Zivi

Wenn der seit Abschaffung des Zivildienstes im Jahre 2012 anachronistische Begriff des „Zivi" jemals Einzug in die Lexikaliteratur haben sollte, so könnte der Eintrag in etwa eine derartige Verlautbarung haben wie nachfolgend beschrieben:

ZIVI [ziewie] *sächl.* der, *weibl.* das oder *männl.* die, *lat. postmod. altmittelneuhochd.*, umgangssprachlich abgeleitet von Zivildienstleistende bzw. Zivildienstleistender oder zivildienstleistendes Etwas; historisch-chronologische Herkunft: Sklave, Bauer, Soldat, Sohn, Delinquent, Kriegsdienstverweigerer, Drückeberger, Ersatzdienstler, ZDLer., Arbeitsplatzvernichter, Ein-Euro-Jobber; *künft.*: Anachronist. Seit 01.01.2011 ausgestorbene Gattung „Pazifistischer Militarist" alias sozial-pflegerischer Semi-Professioneller, landläufig häufig auch: Schluckspecht. Postdefnitorisch professionsbezogen: Freiwilligendienstler.

   Zivi bedeutet im etymologisch-ursprünglichen und bedeutungsschwammingen Sinne: "Zieh wo!" (ziehe mal irgendwo dran, wenn du etwas findest zum ziehen), also: "Zieh dort!" (z.B. an der Leine bzw. am Joint, der in leinenähnlichem Stoff wie etwa Hanf gewickelt ist) was ihn letztlich gänzlich zur Verwirrung brachte und er nur noch rief: "Ich weiß nicht wie? Also, ich ziehe wie (zivi) am Joint? Was in Folge dessen neurotisch bedingt zu panischen Attacken bei dieser Spezies führte und seine Umwelt noch heute gerne darauf reagiert mit: "Zieh Leine!", was der Zivi dann auch bis zu seinem Aussterben verhaltensmusterorientiert mit großem Erfolg befolgte.

Im streng anthropologisch-wissenschaftlichen Sinne handelte es sich beim *Zivi* um eine nicht exakt erfassbare Evolutionsstufe im Werdegang des männlichen Homo Sapiens Adolescere (HSA). Entwicklungspsychologisch betrachtet lag der Zivi in der Skala seiner geistig-körperlichen Reifestufe irgendwo zwischen infantiler Nervbacke (InNe), dem nachpubertären Widerling (PuWi) und dem senilen Bock (SiBo, auch unter Tattergreis bekannt), wobei in manchen Fällen dieser Spezies eine Bestimmung des Gender Streamings nicht eindeutig kategorisierbar ist. Doch allen Dingen wohnt Entwicklung inne, so auch dem Werdegang eines Zivis.

Die schwere Geburt der Verwandlung vom süßen Sprössling stolzer Eltern zum Zivi – dem neoliberalen Volksschreck der konservativen Kaste – fing bei den meisten Jungen kurz nach Erhalt des (ausgesprochen miesen) Abschlusszeugnisses ihrer vermeintlichen Bildungseinrichtung an. Wobei die Begriffe „Zivi" und „Schule" antagonistisch geprägte Begriffe einer lebenslangen Feindschaft darstellten, was so manchen Sozial-Dozenten an den staatlich, kirchlich oder subsidiär betriebenen

Zivi-Schulen den Blutdruck in die Höhe schnellen oder aber in panikartiger Attacke das Adrenalin in die Beine schießen ließ, um Hilfe ringend in einer Art Lichtgeschwindigkeit nach dem Notausgang zu suchen. Die Behandlung solcher von Zivis depravierten Menschen ließ in den letzten Jahrzehnten die Krankenkassenbeiträge um mehr als 50% in die Höhe schnellen – ein Problem, welches Politiker selbst nach der Aussetzung der Wehrpflicht über die nächsten Jahrzehnte der Verarbeitung der Fehlentwicklung des lernbezogenen Einsatzes von Zivis an sogenannten Bildungsstätten nicht in den Griff bekommen würden, läge diese Gesellschaftsnutzbringende Kategorie nicht im Sterben. Selbst Gespräche am Grünen Tisch mit allen gesellschaftlichen Parteien hatten niemals nichts gefruchtet, um die Gattung Zivi in irgendeiner Art und Weise gesellschaftlich zu domestizieren. Dennoch ließ es sich nicht von der Hand weisen: hartnäckig hielt sich das Gerücht: Der Zivi, alias HSA, war doch entwicklungsfähig, wobei sich hier Albert Einsteins physikalische Formel $E=mc^2$ durchaus auch auf soziale Prozesse adaptieren ließ: Denn Entwicklung ist demnach relativ und grundsätzlich gilt hier als Faustregel: Die sozio-morphose Entwicklung eines Zivis stand von je her im reziproken Verhältnis zu seiner freiwilligen Einstellung und Haltung gegenüber der staatlich verordneten Zwangsverdienstlichung.

Betrachten wir uns bei dieser Gelegenheit einmal die unterschiedlichen Entwicklungsstadien der evolutionstheoretischen Soziomorphose des HSA, alias Zivi, im bewusstseinserhellenden Lichte:

Prä-Operatives Stadium:

Im anfänglichen Stadium der Soziomorphose wurde der werdende Zivi vom Staat schriftlich zu einer sogenannten Musterung eingeladen – nicht zu verwechseln mit einer Werbeaufforderung zur Probefahrt mit einem amerikanischen Auto mit der Bezeichnung „Mustang". Der Zivi in Spe in seiner leidenschaftlichen Naivität betrachtete diese Einladung aufgrund der für ihn unverständlichen Amtshieroglyphen letztlich doch als Werbebrief einer Freimaurerloge oder Sekte, so dass er sich dazu entschied, seinen Kifferkonsum gemeinsam mit seinen Kollegen drastisch zu erhöhen, da er wild entschlossen war in gemeinsamer Meditationsrunde über den Sinn und Unsinn von Mitgliedschaften in dubiosen Gesellschaften sinnschwammig zu debattieren.

Amnestisches Stadium

Im zweiten Stadium der Soziomorphose, dem amnestischen Stadium, wurde – nomen est omen – eine kurzfristig einsetzende Amnesie des HAS eingeleitet. Von nun an wusste der Zivi nicht mehr wer er war und begann sich systematisch zu verleugnen. Warum war das

so? Am Tag seiner Musterung beim Kreis-
wehrersatzamt (KWEA) lernte der noch im
prä-operativen Stadium verhaftende HAS
neue Denkarten kennen, nämlich die, der am-
nestischen Schauspielkunst. Ballrauschende
Nächte vor der Musterung bei einsetzenden
Wirklichkeits- und Realitätsverlusten führten
dazu, dass der Zivi in Spe kurzzeitig einfach
nicht mehr wusste wer er war und weshalb er
eigentlich hier sein sollte. Dem entgegen
stand das gnadenlose anamnestische Diag-
noseverfahren der Amtsärzte, die aufgrund
senilen Qualifikationsverlustes in den Folter-
kammern des KWEA gelandet sind, welches
dazu führte, dass der völlig übernächtigte
HAS, alias Zivi, am ganzen Körper OP-Codes
verpasst bekam, nur um ganz lapidar festzu-
stellen, dass das Rest-THC im Blut eine tem-
poräre Amnesie beim Proband auszulösen im
Stande war und in der Zielführung resultativ
dazu tendierte, den armen Tropf doch die leid-
liche Wehrtauglichkeit zu attestieren.

Anamnestisches Stadium

Dieses Stadium der Soziomorphose ist das
Entscheidende auf dem Weg zur Mannwer-
dung: In der Regel verwechseln die Militär-
ärzte der Kreiswehrersatzämter, die übrigens
alle mit Hornbrille getarnt waren, um nicht er-
kannt werden zu wollen, bei der Musterung
eine am gesamten Körper befallene Akne des
angehenden Zivis mit einer Armeisenarmee
(„Hilfe! Alarmstufe ROT!"), was unweigerlich

zur Folge hatte, dass der blinde „Fuchs" ganz in panzerlicher Manier in Schießwut geriet und glaubte, mit dem Griff zwischen die Beine des ahnungslosen fast noch jugendfreien Jugendlichen, die Reißmanschette eines Feuerlöschers zur Bekämpfung des vermeintlichen Feindes zu ziehen. Indes, die Folgen für den jungen Mann waren verheerend: Dieser hatte nun neben der Akne auch noch die Last der Entscheidung zu tragen, ob er von nun an eher schwul, lesbisch, heterosexuell oder doch nicht lieber zoophilie-neurotisch zu sein hatte. Von nun an war das exakte Erscheinungsbild des Zivis nicht mehr eindeutig zuzuordnen, womit in Folge dessen ein Heer voller Hilfsbedürftiger nicht ganz so leicht wusste umzugehen: "Ja, ist es nun mein Hund oder meine Nichte, die mir gerade das Essen gebracht hat...?" Aber in der Regel waren solche Erscheinungen nur kurzlebig und legten sich nach der ersten Schockphase relativ rasch wieder. (Die Ausnahmen bestätigten jedoch die Regel: Es soll ja ein Fall in Hintertupfingen gegeben haben, da hatte ein vom Kreiswehrersatzamt geschockter Jung-Zivi bis zur Rente seinen Zivildienst abgeleistet, weil er einfach nicht abdienen wollte).

Das trotzphasige Stadium

Wenn der künftige Zivi in seinem komanüchternen Zustand fertig gemustert war und diese Tortur ohne größeren physischen und psychischen Schaden überlebt haben sollte, begab er sich in die Abwehrhaltung, um nicht zu sagen: er regredierte in die Trotzphase früherer Analen. Der designierte Zivi war von nun an zu nichts mehr zu gebrauchen, er gehorchte niemandem mehr und ließ sich, getrieben von einem limbischen Schub im Gehirn, von seiner absurden Idee der Verweigerung des Dienstes mit der Waffe im Namen des Grundgesetzes einfach nicht mehr abbringen – dies war in der Tat übrigens einer der Gründe warum so viele Sandkastenliebschaften in genau dieser Zeit irreparabel in die Brüche gingen. Warum? Na, ganz einfach: Während die Damen der Schöpfung lieber in der Disco tanzen ging, ließ sich der hormongeplagte Homer von seiner geistigen Idee eines Verweigerungsschreibens verblenden und ging von nun an mit seiner Schreibmaschine fremd. So fing der angehende HAS an wie ein vom Irrsinn Besessener Formulierungen am laufenden Meter zu verfassen, zu überdenken, zu verwerfen, wegzuwerfen und wieder neu zu schreiben. Es folgten von nun an unzählige sinnfreie Briefwechsel, die eigentlich nur dazu dienen, ein paar 100 Bürokraten mittels Mehrwertsteuer aus dem Kauf des Briefpiers zu ernähren, und in Folge dessen sollte aus dem Jungen nunmehr ein ganzer Zivi werden der sich zu seinem Glück, ganz ohne sein Zutun, das erhabene Rangabzeichen des Dienstgrades eines Drückebergers (wenn Opa drückt, müssen Zivis es bergen) einheimsen mochte. Dieser Prozess war seinerzeit zeitlich einzuordnen nach der Formel Hirnschmalz mal

Zwangesfrust = Null Bock, also $h*z=0$, was in der Hermeneutik gleichzusetzen ist mit der Deutung einer Zeitspanne von ca. einem halben Jahr Formulierungskunst bei einem Ergebnis von einer dreiviertel DIN-A4-Seite Verweigerungstext. Ganze Regenwälder in Süd-Amerika sind unter der Intelligenzlast mancher formulierungswütigen Aufklärungsakrobaten zusammengebrochen. Vorher holte sich der Pseudopazifist allerdings einschlägigen Rat bei Öko-Test über chlor-, FCKW-, rußpartikel- bzw. schlacke- und vorurteilsfreie Formulierungsvorlagen in dreifacher Ausfertigung. Diese Phase war unter Umständen als ganz besonders kritisch zu betrachten, und in allzu aussichtslosen Fällen hatte man dem angehenden Drückeberger auch schon mal Internetvorlagen einer Musterverweigerung zukommen lassen, um den Übergang in die nächste Phase zu beschleunigen, was sich dann wieder reziprok positiv auf sein Paarungsverhalten mit der alten Sandkastenliebe auswirkte. In manchen Fällen ging das sogar so weit, dass mancher Verweigerungspoet dazu beitrug, als Testosteronbombe die Geburtenrate in die Höhe schnellen zu lassen, nur um sich erfolgreich sogar vom Zivildienst drücken zu können.

Phobisches Stadium

In dieser Phase schwebt von nun die Angst über dem jungen Mann wie ein Damoklesschwert. Richtige, echte und traumatische

Existenzangst! Es drängt sich dem armen Tropf nur noch eine entscheidende Frage auf: Was, wenn ich zum Bund muss? WAS DANN? Schweißgebadet wacht der hochsensible Adoleszent jede Nacht auf und schreit: „Nicht schießen! Ich ergebe mich!" In Quetschemembach hinter der Wupper hatte es sogar einen Fall gegeben, da hatte der Phobiker eines Nachts schlafwandelnd seine schlafende 86jährige Großmutter in Klopapier eingewickelt – welche in Folge dessen in posttraumatischem Zustand der Fabulation an ihrer Überzeugung, eine altägyptische Pharaonen-Mumie zu sein, hyperventilierend erstickte – nur weil er sich in seinem prä-, pro-, präsent- und post-traumatischen Zustand von dem Druck befreien wollte, alte Leute pflegen zu müssen. Es wurde in solchen Stadien immer wieder bei den verantwortlichen Sozial-, Wirtschafts- und Kriegsministern hinter vorgehaltener Hand darüber spekuliert, ob man diese Gattung nicht doch besser nicht hätte abschaffen sollen, weil insbesondere dieses Stadium der Metamorphose des Homo Zivilitis sehr stark an der positiven Wirtschaftsentwicklung der Beerdigungsinstitute beteiligt war. Allerdings hatte man diesen Gedanken schnell wieder ad acta gelegt, weil diese Fehlentwicklung lediglich arbeitslose Zivildienstleistende generiert hätte ob mangelnder Klientel. Das phobische Stadium war auch von daher als sehr, sehr kritisches Stadium für junge Menschen zu bewerten, weil infolge der mortalen Befreiungsaktionen schleichende

Schuldgefühle am Selbstwertgefühl des angehenden Zivis nagten. Der Grad der vorangeschrittenen Phobie ließ sich dann sehr leicht am Gang des Spe-Zivis erkennen. Je tiefer gebeugt seine Haltung, desto mehr hatte seine psychotische Störung an seinem Rückgrat genagt. Hier halfen weder Pillen noch Fluchtbewegungen in den Alkohol, sondern nur noch das Anerkennungsschreiben zur Verweigerung des Dienstes an der Waffe. Hielt der nun anerkannte ZDLer diesen Wisch in der Hand verflogen mit einem Male alle phobischen Anwandlungen was den jungen Kerl dazu veranlasste, den monatelangen Druck mit einem achtwöchigen Mallorcaaufenthalt in Ballermannmanier bei einem Non-Stop-Saufgelage ins Reich der Verdrängung hinunter zu schlucken. Insofern ist dies exakt die Voraussetzung dafür, um sich initiationsmäßig in die nächste Phase des ZDLer-Daseins hinüber zu katapultieren. Menschen ohne Anerkennungsschreiben haben an dieser Stelle geloost und kommen nicht mehr in den Genuss einer zauberhaften Metamorphose vom Schmuddeladoleszenten zum Helfersyndromaten. Schade eigentlich.

Die Zerreißprobe

Doch bevor der Heranwachsende Homo Spe-ZIVIkus die staatliche Anerkennung erhielt, hat der Herr den Schweiß eines Arbeitsuchenden vorangestellt. In nun folgenden Verwandlungsphase saß der werdende Zivi apathisch, ja, fast autistisch (obwohl der Zivi ohne Einführungslehrgang noch gar nicht weiß was das ist) Daheim herum und bekam jedes Mal einen Riesen-Schock, wenn der Postbote vorbei kam, oder das Telefon klingelte, oder der Nachbar lachte. Denn ein kleiner, unscheinbarer Brief (oder Anruf, oder Lachen) entschied nun über das lebensbedeutende Schicksal dieses durch stetige Anspannung mittlerweile bis auf Haut und Knochen abgemagerten jungen Menschen. Nun geht der Spießrutenlauf erst richtig los: Die Suche nach Sinn, nach Stellung, nach Anstellung in öffentlicher Sklavenschaft. An dieser Stelle fühlte sich der blutjunge Mensch, der seinerzeit seine erste staatliche Anerkennung in der Hand hielt, zum ersten Male in seinem Leben zerrissen. Hin und hergerissen zwischen den unzähligen Institutionen, die sich um das kleine Männchen mit seinen professionellen Minderqualifikationen aber dafür mit viel Potenzial in den Schlüsselqualifikationen ausgerüstet händeringend rauften. Die Hilfsorganisationen verwendeten ein Herr von Rekrutierern und Headhunter, die allesamt nur damit beschäftigt waren, die armen Würstchen zu umwerben und durch ihre seitendicken Werbebroschüren für Hilfstätigkeiten in Ausbeuterschaft zutiefst zu verunsichern. Dabei war doch hinlänglich bekannt, dass Menschen in diesem Stadium gepaart mit ihrer Internetsucht lange schon nicht mehr des Lesens von mehr als fünf zusammenhängenden Sätzen mächtig waren und es auch noch nicht sind.

Also, was sollte er nun tun, der ganz und gar Zerrissene? Um dann doch noch irgendwie aus der Zerreißagonie herauszukommen, bemühte sich der Staatliche Anerkannte Hilfsdienstler qua persona um eine sogenannte Dienststelle. Das allein war bereits Spießrutenlauf ganz im militärischen Sinne. Hatte eine Organisation einen Spe-Zivi in ihren Klauen, musste sich der arme Tropf von seiner besten Seite, nein, von seiner allerbesten Seite eines willigen, ja, gar höchstbereiten, Allroundtalentes präsentieren. Er musste die innere Zerreißprobe zwischen seinem Null-Bock-Ich mit dem Du-Sollst-Ich irgendwie versuchen zu vertuschen, um irgendwie heil den Fuß in die künftige Dienststelle zu bekommen. Es war zwar schon immer in aller Munde ganz klar und deutlich als offenes Geheimnis bekannt, dass angehende Zivis in ihrer Persönlichkeit schizophrene Züge verbargen, aber dies war meistens mit einigen Kästen Bier wieder ins rechte Lot zu bekommen. Die Spiegeltrinkernatur eines Testosteronbolzens sorgte dafür, dass der Zivi-Organismus schnurrte wie ein 12-Zilinder. Und das ist dann auch das Stichwort für den Übergang in die nächste Stufe der Zivi-Genese. In der nun folgenden Qualifikationsphase begann der eigentliche Ernst des Lebens des Spe-Zivis, den seine Umwelt allerdings nur mit einer gehörigen Portion Humor oder in ganz besonders hartnäckigen Fällen mit einem Anflug von Zynismus zu ertragen imstande war. Dich schauen wir selbst.

Qualifikationsphase

War es dem Bund-Vogel dann nach einem ewigen Hin und Her zwischen Mama-Brust und Abnablung endlich vergönnt in einer Hilfsorganisation Unterschlupf gefunden zu haben, stürzte sich sodann ein Herr von Mitarbeiterinnen und Mitarbeitern unterschiedlichen Burn-Out-Grades auf das Unschuldslamm vom Lande. Von einem Zivi wurde nämlich von nun an ein Bündel von Erwartungen gestellt, die den ZIVI dazu bemüßigten so zu tun, als ob er etwas tun würde. Natürlich tat er nicht wirklich etwas, ganz abgesehen vom Hairstyling vor dem Spiegel, PC- und Web-Spiele sowie Flaschenheben. Arbeiten konnte ein Zivi schon deshalb nicht, weil er ja noch keine Ausbildung zu irgendwas genoss und deshalb mal grundsätzlich von Allem nicht viel Ahnung hatte, aber davon sehr viel. Ein Zivi war im Anfangsstadium (ohne die sinnreichen Leergänge) einfach nur ein H.O.N.K.: Helfer Ohne Nennenswerte Kenntnisse. War ja auch kein Wunder, denn schließlich arbeitet er ja auch für die Zivi GmbH was so viel heißt wie "ZIVI Geh mal, Mach mal, Bring mal, Hol mal". Bedauerlicherweise gewinnt man zunehmend bei manchen seiner genialen Spezies den unweigerlichen Eindruck, dass er aus diesem Stadium bis zum hohen Dienstalter nie herauskommt. Aber meistens steht hierfür zur Abhilfe dieses für die Gesellschaft untragbaren Zustandes dann ein Heer von bis an den Hals mit Moderationskarten und Eddings bewaffneter Pädagogen zur Sinnbekehrung sinnentleerter Zivis voller Motivations- und Kommunikationsdrang bereit, die dann alles irgendwie wieder gerade bügeln müssen. Und damit das zarte Pflänzchen in der Dienststelle nicht gleich platt getreten wird, muss das Nervenbündel von nun an zunächst wieder die Schulbank drücken. Das wurde aber auch nach der bisherigen Phasen-Tortur, gemäß der Drei-Phasen-Reinigung von Kukident (mit der sich der Zivi in den nächsten neun Monaten fachlich und persönlich auseinandersetzen muss), langsam mal Zeit, denn jetzt geht's auch endlich an die Arbeit...

Jeder Zivi hatte nämlich irgendwann einmal das Glück eine Zivildienstschule zu besuchen. Dort bekam man dann von den unglaublich motivierten Seminarleitern Sätze wie diesen zu hören: Wenn ihr in eurem Urlaub nackt am FKK-Strand herumliegt und ein paar heiße Bräute aufreißt, bekommt ihr dafür Kleidergeld. Oder: Wenn eure Dienststelle nicht will was ihr nicht sollt, so können die so viel sollen wie sie wollen, denn dies spielt schon alleine deswegen keine Rolle, weil ihr ja wollt was die nicht sollen (wer das noch detaillierter ausgeführt haben möchte kann dies nachlesen auf Seite 34X-5T, Abs. 2, Fußnote b im 23. Band, Blatt A römisch VI, Ausführung C/E1 der 234. Verordnung zur 11. Durchführung des Zivildienstes). Ansonsten tat man in einer solchen Schule vor allem Tischfußball oder Billard spielen, die Leistung des

Verstärkers im Musikraum testen und medizinisch bzw. sozialpsychologisch sehr bedenkliche Filme anschauen. Die meiste Zeit auf der Zivildienstschule verbringt der Zivi damit, nach dem langweiligen und sinnfreien Unterricht, sich mit allerlei Drogen zuzudröhnen und sich bis zur Bewusstlosigkeit mit brandweinhaltigen Alkoholika zur Wegschwemmung des überschüssigen Testosterons im Blut volllaufen zu lassen und mit gierigem Hals pubertierenden Konfirmandinnen oder FSJlerinnen im Schulungszentrum hinterher zu stieren. Diesen Beschäftigungen geht der Zivi während einer Fortbildung jeden Abend nach. Damit ist man natürlich bestens auf die kommenden 9 Monate vorbereitet, was dazu führt, in die vorläufig letzte Phase hinüber zu wechseln. Dies war schon allein deshalb nicht automatisch gewährleistet, weil Zivis es irgendwie schaffen mussten die Dozenten in eine Art Vollrausch zu verführen, damit sie auch ja die Qualifikationsurkunden durch Unzurechnungsfähigkeit und in Folge dessen ohne schlechtes Gewissen ausstellten und unterzeichneten. Wer dies von den Pennälern nicht schaffte, musste sogenannte Ehrenrunden drehen, was allerdings von der historisch nachweisbaren Wahrscheinlichkeit her eher im mehrfachen Promillebereich lag.

Professionsmodus

Zivis wurden gerne zu senilen Rentnern, halbtoten Patienten oder drogensüchtigen

Kindern gesteckt, weil man sie dort aufgrund ihrer Rastalocken, Halbglatzen, bis in die Kniekehlen versackten Hosen und wegen ihrer schlechten Deodorants in guter Gesellschaft wähnt. Zurecht, denn gerade von diesem Personenkreis lernte sogar so mancher abgewrackte Zivi am schnellsten das CU (chillen unlimited), das er die folgenden neun Monate ausgiebig und bis zum Exzess betreiben wird (wobei hier sehr schnell deutlich wird, aufgrund welcher Ursachen so manch cleverer Zivi zu einem süchtigen Zivi mutierte). Selten hatte ein Zivi das Pech in eben diesen Kreisen, u.a. auch in Werkstätten, zu echter und wirklicher Arbeit gezwungen zu werden (vielleicht hin und wieder mal auf Baustellen in Quetschenmembach, da lässt man auch heute wieder Freiwilligendienstler wenigstens beim Nichtstun der Harz-4-Jobber-Bautrupps zugucken). Man unterschied ab diesem Punkt signifikant, verifizierbar und evaluierbar zwischen dem "Zivildienstleistenden" und dem "Zuvieldienstleistenden" (allerdings ohne eine einzige zurechtfertigende Zuverdienstleistung). Exemplare, die dem letzteren Schlag angehörten, gingen meist schon nach sechs Monaten ein, manche sogar noch früher und einige gar nicht. Als Bund-Specht blieb man ja doch auf irgendeine Art und Weise für immer stigmatisiert.

Von der arbeitenden Bevölkerung wurden Zivis gerne als Arsch für alles, für das niemand anderes zuständig war, angesehen.

Wobei dies allerdings auch nur bedingt zutraf. In Wirklichkeit war das Einzige was der Zivi wirklich tat, dafür zu sorgen, dass diejenigen, die ihm etwas auftrugen damit zu beschäftigen, ihm zu sagen was er zu tun hatte. Denn der Zivi tat niemals etwas freiwillig, sondern nur auf Auftrag. Dies hatte zur Folge, dass die Aufträge, die der ZDLer nicht so ganz verstand, meist von einem Zivi zum anderen delegiert wurde, bis man nicht mehr so recht wusste, was nun eigentlich der eigentliche Auftrag war und wer hinter der Initiative der Auftragsgebung steckte. Das Ganze verlief im Sumpf – zweihundert Meter weiter hörte man in solchen organisatorischen Missfällen bereits nach einer Woche das Martinshorn, dessen Krankenwagen bei der 86jährigen Frau X um drei Tage zu spät kam. Hier erhielt nun der gebeutelte Zivi den Auftrag, die Pietät anzurufen… Wobei man dies dann letztlich doch besser dem Leiter des Pflegedienstes überließ, um weitere Katastrophen geflissentlich zu verhindern.

Trotz alledem: Für die hilfsbedürftigen Bürger allerdings waren die Zivis die netten Enkel von nebenan, die immer Zeit und ein offenes Ohr für sie hatten, obwohl sie eigentlich schon seit einer halben Stunde nicht mehr da waren und die Omis und Opis der Nation noch immer an der Tür standen und im Hausflur den dritten vorbeikommenden Nachbarn für den neu eingezogenen Zivi hielten. Das verstand zwar niemand, aber die Omis eigentlich auch nicht.

Zivis bekamen sämtliche Mahlzeiten am Tag kostenlos aufgetischt oder bezahlt. Das wären also Frühstück, zweites Frühstück, 11-Uhr-Imbiss, Mittagessen, 16-Uhr-Kuchen, 5-Uhr-Tee, Abendessen und Nachtmahl. Weiterhin bekamen Zivis ständig neue Hosen bezahlt, weil die sich so schnell durchsaßen. Neue Schuhe bekamen sie auch alle zwei Tage gesponsert, weil sie beim sehr schnellen Verlassen der Essen-Auf-Rädern-Oma aufgrund des hohen Reibungsverlustes unwahrscheinlich viel Sohle verschlissen. Der Sold eines Zivis war entsprechend seiner geringen Leistung ausgesprochen mickrig (selbst ein Hartz-4-Empfänger verdiente in seinem 1 EURO-Job mehr), dafür war der Zivi gegen jeden Furz versichert. Er bekam jedoch weiterhin keine 20% Rabatt auf Tiernahrung beim Baumarkt „Praktiker". Aber im Grunde hätte der Zivi eigentlich eh nichts essen dürfen, denn in einer altautoritären Weisheit heißt es: "Wer nichts schafft, braucht auch nix essen!"

Nach Ablauf der Frist von 9 Monaten wurde aus dem Zivi mit einem Mal ein Mann. Gleichzeitig bekam man noch (einen von überflüssigen Steuergeldern) finanzierten Batzen Geld mit auf den durch den Zivildienst wertgeminderten Lebensweg. Dieser reichte dann mal eben für den Drogenkonsum des nächsten halben Jahres aus, und danach lungerte man ja eh nur noch halbtot unter irgendwelchen Brücken und betrachtete einen Fluss, auf dem öfters arme tote Bund-Spechte vorbei trieben. Nach einiger Zeit wurde man dann von einem Zivi abgeholt, womit sich der Kreis dann endlich schloss.

Es wurde allerdings gemunkelt, dass manche Zivis nach ihrer Entwicklungsphase eine zweite, viel längere Phase begannen. Auch ist die Forschung, warum dies passiert nicht weiter fortgeschritten. Bekannt ist allerdings, dass aus manchen Zivis auf einmal Studenten wurden, oder so was ähnliches. Mittlerweile stehen einige seltene Exemplare schon im Historischen Museum des Bundesamtes für den Zivildienst aus. Ach übrigens: Hier werden Gerüchte aus wohl informierten Kreisen laut, das das Bundesamt sich in seinem eigenen Museum zur eigenen Beweihräucherung einmotten will.

Man befürchtet in der Fachöffentlichkeit mittlerweile zu aller Bedauern, dass es nicht genügend Mottenkugeln geben wird, um den Muff da jemals wieder heraus zu bekommen.

Die Verwurzelung

Eines Tages kam Ella völlig aufgelöst aus der Firma nach Hause und fühlte sich irgendwie ausgebrannt. Seit über 20 Jahren ist sie nun im Dienst der Firma und hat alle Höhen und Tiefen miterlebt. Ihre Arbeit war bislang ihr Lebenssinn. Sie hat die Firma stets vor dem Abgrund bewahrt. Ihr Talent für kreative Ideen und kaufmännisches Geschick ist bekannt in der Branche. Sie ist beliebt unter Kollegen und Vorgesetzten und geschätzt bei ihren Kunden als einfühlsam und zugänglich. Doch heute war irgendwie alles anders. Nichts ist so richtig von der Hand gegangen. Und dann hat der Chef auch noch von Opfern und Abstrichen gesprochen. Die allgemeine Stimmung der Wirtschaft ist seit einigen Wochen nicht sehr rosig. Aber dass diese Stimmung einmal ihre Firma erreichen solle, davon war Ella überzeugt, dass dies nie geschehen würde. Aber heute hat das Damoklesschwert der Wirtschaftsdepression auch Ihr Büro erreicht. Die neusten Verkaufszahlen lagen auf ihrem Schreibtisch und die Grafiklinie zeigte rapide nach unten. Angstschweiß stand auf Ellas Stirn und fassungslos fragte sie sich, was sie wohl falsch gemacht haben könnte.

Ella ist eine Frau im mittleren Alter und hat im Leben alles erreicht was man nur erreichen kann. Es gibt nichts, was sie nicht hat, was sie noch gebrauchen könnte: Sie hat einen erfolgreichen Ehemann, der als

Unternehmensberater internationalen Ruf genießt, sie hat ein großes Haus mit allem Komfort den erfolgreiche Menschen brauchen, um das Leben genießen zu können, eine Putzfirma reinigt die Villa und zwei Mal im Jahr fahren sie und ihr Mann auf die Malediven zum Hochseetauchen. Lebensversicherung, mehrere Sparverträge und Anlagen in der ganzen Welt sorgen für eine sichere Rendite als Altersvorsorge. All ihr Ansinnen lag in der Anhäufung von Geld und Dingen. So hatte es ihr Vater sie gelehrt und Mutter träumte davon, dass die Tochter es einmal zu Ruhm und Reichtum schaffe. Ihre Eltern sorgten für alles was Ella dazu benötigte, ihren Karriereweg kompromisslos einzuschlagen und konsequent zu verfolgen. Die Heirat eines Rechtsanwaltes kam ihr da gerade wie gerufen. Beide waren sich einig: Kinder wollten sie von vornherein keine. Sie kosten nur Geld, bedeuten Karriereknick, Stress und Selbstaufgabe – und das für wenigstens 20 Jahre. Dieses Risiko wollten beide nicht eingehen. Sie standen auf dem Standpunkt, dass das Leben dazu da sei, es aus vollen Zügen zu genießen, ohne das Klotz am Bein, Verantwortung für andere Menschen übernehmen zu müssen.

Ausgerechnet zu allen Hiobsbotschaften kam am Morgen auch noch ihre wichtigste Kundin ins Haus geschneit und klagte völlig aufgelöst von ihrem Leid eines Anlageverlustes in fünfstelliger Höhe. Es gab nichts mehr zu beschwichtigen. Die Lage war ausweglos. Die Wertanlagen waren verloren und Ella konnte mit ansehen, wie der Kundin allmählich die Lebensgeister aus ihrer Seele entwichen. Sie konnte der Kundin keine Hoffnung mehr machen. Sie hatte keine Worte mehr für diese Situation. Die Kundin murmelte etwas davon, dass sie sich aufgrund dieser beklemmenden Situation nun aufhängen könne. Ella fühlte sich zum ersten Mal hilflos und wortlos in einem. Als die Kundin die Filiale verließ, vernahm Ella nach einigen Augenblicken am Rande ihrer Wahrnehmung nur noch ein Hupen, quietschende Reifen und einen dumpfen Schlag. Als Sie aus dem Fenster schaute, sah sie die Tasche der Kundin auf dem Gehweg liegen und eine Person lag reglos unter einem Auto. Noch während Ella der Schrecken in die Knochen fuhr, kam ein Passant in die Filiale gerannt und forderte eine Kollegin auf, den Krankenwagen und die Polizei zu rufen. Mit nagender Gewissheit sickerte allmählich von Mund zu Mund bis zu ihr hindurch, dass es ihre Kundin war, die von einem Wagen mit tödlichem Ausgang überfahren wurde. Ella fühlte sich, als würde ihr der Boden unter den Füßen weggezogen, als entgleise sie – wie entwurzelt.

Als Ella auf dem Sofa saß und nach vielen Jahren Tränen über ihre Wangen liefen war sie sich sicher, dass sie von nun an nicht mehr die Gleiche sein würde. Noch während sie in ihrer Trauer mit sich selbst haderte klingelte es an der Haustüre. Als Ella öffnete stand ein hochgewachsener hagerer Mann mit weißem Gewand vor der Türe. Er hatte nichts bei sich. Keine Tasche, keine Zeitschrift, nichts. Er stand einfach nur in der Tür und schaute Ella eindringlich an. Unter normalen Umständen hätte Ella die Tür einfach wieder zugemacht mit dem Hinweis, dass sie nichts kaufe. Doch dies hier waren keine normalen, sondern irgendwie andere Umstände. Und Ella stand ebenfalls in der Tür und blickte den ungewöhnlichen Mann irgendwie entgeistert an. „Ich nehme an, dass du nicht weißt wer ich bin?", fragte der Mann mit tiefer warmer Stimme. „N… nein, wer sind Sie… was wollen Sie?", stotterte Ella ungewöhnlich verunsichert. Doch irgendwie ging eine außergewöhnlich warme und freundliche Ausstrahlung von diesem seltsamen Menschen aus. Ella wusste nicht wie sie mit dieser für sie äußerst verwirrenden Situation umgehen sollte. „Auch wenn es für dich unglaubhaft erscheinen mag, und ich mag dir zwar vielleicht auf den ersten Blick unbekannt erscheinen, aber ich bin ein tief verborgener Teil von dir", erklärte der Mann mit freundlichem Blick. Ella traute ihren Ohren kaum. „Äh…, Entschuldigung, bin ich hier in einem falschen Traum, oder was passiert hier gerade?", versucht Ella sich mit fester Stimme davon zu überzeugen, dass dies nicht Teil ihrer Realität sein kann. Verunsichert schaut Ella durch die Tür hinaus in ihre Umgebung. Aber es ist kein Mensch weit und breit auf der Straße zu sehen, den sie hätte rufen können, um Gewissheit über das Erlebte zu bekommen. Also tut sie das, was sie immer in unsicheren Situationen macht: Sie holt tief Luft, zählt innerlich bis drei und sammelt sich zum argumentativen Gegenschlag. Sie wollte gerade zum verbalen Schlagabtausch ausholen, da versagte ihre Stimme. Irgendetwas hielt sie zurück. Aus ihrem tiefsten Inneren drängt machtvoll eine Stimme hervor und bahnt sich den Weg durch die verschlungenen Pfade ihrer verschütteten Sehnsüchte allmählich in ihr Bewusstsein: Es ist die Vorahnung eines tief verwurzelten Wunsches nach der einstmals so innig gefühlten, ja gelebten kindlicher Unbeschwertheit. Tränen stiegen Ella in die Augen – sie wusste nicht was mit ihr geschah. „Erinnere dich an deine Wurzeln", brachte sich der weise Mann wieder in Ellas Tagesbewusstsein. „Wie…? Was…?", stammelte Ella. Die Aura des hellsichtigen Mannes umhüllte Ellas Wesen. Mit einem Mal wurde es Ella durch die in sie eindringende Lichtflut gewahr: Fernab von jeglichen Schulgefühlen, belastenden und quälenden Anforderungen aus dem Berufsalltag, weit ab vom eingebläuten Anspruchsdenken an Geld und Prestige, Macht und Status, mit entblößter Maskerade stand Ella im Türrahmen und schaute in die Augen des unheimlichen Mannes, in dessen Spiegel sich die Fratze der Gier in den Vordergrund spielte und diese voller Angst in den Abgrund ihrer Seele sah, wo sich im Kampf um die Wahrheit das Licht des Lebens seinen Weg bahnt um dem Wahnsinn der Geschwister Ignoranz und Arroganz den Garaus zu machen. Ella blickte in die Augen eines Wesens welches sich in seiner ganzen Gestalt als ihre eigenen Kinderaugen entpuppte. Das Kind lächelte Ella an und streckte ihr die kleine Hand entgegen. Ella nahm die ausgestreckte Hand dankbar an und folgte dem Kind frei und unbeschwert. Sie rannten beide über grüne und blumenbestückte Wiesen. Ella fühlte es: Sie hat in all den Jahren Ihr inneres Kind wiederentdeckt und beginnt sich mit dem Gefühl der Unbeschwertheit, der Sorgenfreiheit und Spontaneität anzufreunden. Nie hatte sie sich seit ihrer Jugend wieder so leicht gefühlt. Die Dinge, mit denen sie sich alltäglich beschwerte, über sie sich beschwerte und mittels derer sie so mancherlei Beschwerden führte waren mit einem Mal einer gelassenen Leichtigkeit gewichen, einer Leichtigkeit, wie sie sie letztmalig in längst vergessenen und vergangenen Kinderträumen erleben durfte. Der Mann schaute sie herzerwärmend an und führte Sie durch eine Art Himmelspforte. Nach einer Weile standen Sie vor einem Himmelthron: „Dies ist unser Vater, der Schöpfer der Dinge, die Wurzel unseres Seins", flüsterte er Ella zu. „Geh' und setz dich zu ihm", forderte der Mann, der nun die Gestalt von Jesus angenommen hatte, sie auf. Lächelnd führte er Ella zum Thron. Im gleißenden Schein des Heiligen Geistes setzte sie sich neben Gott auf den Himmelssessel. „Es ist gut, dass du da bist", sprach Gott sanft zu Ella. Er wehte mit seiner

Hand einen Hauch seiner Güte in Ellas Seele und rief: „Du bist ein Kind Gottes! Ehre sei mit Dir! Denke weise und handle recht. Vollende mein Werk an den Menschen im Namen des Vaters, des Sohnes und des Heiligen Geistes! Amen!"

Als Ella aufwachte, schaute sie sich verwirrt um. „Was ist passiert?", frage sie sich. Ihr Mann war bereits aufgestanden. Sie ging ins Bad und schaute in den Spiegel. Seltsam, sagte sie zu sich, ich fühle mich so frisch, fast wir neu geboren. Ihre Augen wirkten wach und schienen zu sagen: Das ist der Tag, den der Herr für dich gemacht hat! „CARPE VITAE" – Nutze Dein Leben! Von da an spürte sie es: Es war kein Traum - Ella kehrte zurück zu ihren Wurzeln: Die Quelle ihres Seins lag im Schöpfungsakt Gottes und im Bund der Nächstenliebe mit Jesus Christus – Jesus Christus war in ihr geboren!

Das Glück

Eines Tages kam ein fremder alter Mann zu einer Familie zu Besuch. Er stand ganz unverhofft vor deren Haustüre und fragte, ob er bei Ihnen eine Portion Glück bekommen könnte, denn er suche schon sein ganzes Leben lang danach. Der Mann des Hauses staunte und entgegnete, dass sie es selbst schon lange nicht mehr haben und ihm somit kein Glück bringen könnten. Die Frau des Hauses überlegte kurz und fragte den alten Mann, wofür er es denn benötigen würde? Der alte Mann erwiderte, dass er es brauche, um es anderen Glücklosen weiter zu geben. Die Frau ging ins Haus und kam nach einer kurzen Zeit mit ihrem kranken Kind an die Tür zurück. Da sagte das Kind: Komm doch rein, alter Mann, ich kann dir etwas von meinem Glück abgeben. Als der Mann das Haus betrat, sah er noch ein weiteres krankes Kind wie es mit den anderen zwei gesunden Kindern fröhlich spielte. Daraufhin dankte er der Familie und verabschiedete sich mit den Worten: Glück ist, wer sein Schicksal mit anderen Teilen kann!

Schlüsselereignis

Es gibt Momente im Leben, da wendet sich plötzlich alles. Manches Mal sieht man es sicher kommen, andere Male erahnt man das Kommende und wiederum bei anderen Gelegenheiten glaubt man, überrascht zu werden. Je nach Perspektive schätzt man entweder die Situation als Zufällig ein, oder aber man ist der Auffassung, alles sei Vorsehung. Dabei können wir es drehen und wenden wie wir es wollen, Tatsache ist, dass man stets Anteil an seiner eigenen Lebenssituation hat. Ein jeder ist mit einem Bewusstsein ausgestattet und verfügt über das Potenzial, all seine Entscheidungen so zu treffen, wie es für einen selbst richtig erscheint. Niemand trifft für andere Entscheidungen. Wir tragen mit unserem Denken und Handeln immer dazu bei, an den Dingen, die um uns herum passieren, entscheidend mit zu wirken, denn all unser Tun hat eine Wirkung auf die Umwelt und diese Wirkung fließt als Rückwirkung wieder zu uns zurück. Ich selbst bin in der kleinbürgerlichen Kultur der Selbstbegrenzung aufgewachsen: Alles war zu teuer, nichts konnte man sich leisten, man habe nichts zu melden in der Welt, Anpassung und harte Arbeit sei alles, um weiter zu kommen, das Denken sollte man denen da oben überlassen usw. Das sind kulturelle Schlüsselereignisse aus der Kindheit, die meine Gehirnmatrix auf innere und äußere Armut programmiert haben. Erst der Mut dazu, einen Blick über den Tellerrand der eigenen

Beschränktheit zu werfen, hat dazu geführt, den Schlüssel des eigenen Seins selbst in die Hand zu nehmen und mein Leben danach auszurichten, was ICH will und nicht, was meine neuronale Prägung aus der Kindheit mir aufzuzwingen vermag. Sich selbst neu zu erfinden und zu kreieren ist ein vom eigenen Willen von langer Hand gesteuerter Prozess der Selbstbewusstwerdung. Doch wer konsequent den Weg der Selbstbefreiung geht, der hält den Schlüssel zu seinem Glück selbst in der Hand! Der Nutzen, den man davon hat, ist, sich selbst und andere liebevoll wertzuschätzen! Dafür lohnt es sich, sein eigenes Leben zu leben, oder? Heute kann ich meinen inneren und äußeren Reichtum mit meiner Frau, mit meinen Kindern, mit meinen Freunden und mit der Welt da draußen voller Freude teilen! Unsere Lebensreise durch die Länder dieser wundervollen Welt hält auch für Interessierte immer ein Türchen offen: Ein Aufbruch zu neuen Ufern.

Heimat

Ein Märchen für Erwachsene

Wie ein Wasserfall strömten an seinem inneren Auge tausendfältige Ereignisse, die er alle irgendwann schon einmal erlebt hatte und welche nun ganz anders verliefen als zu der Zeit, in der sie noch Wirklichkeit waren, an ihm vorbei. Daniel befand sich nicht mehr innerhalb seines Lebens, er lebte nur noch als Beobachter seiner eigenen Gedanken, Gefühle und Taten; als ein Außenstehender, dem seine Vergangenheit endlich bewusst geworden war. Wie überheblich, wie unvernünftig, wie ungerecht war er in seinem vergangenen Leben!

Der Fluch des Zauberers wirkte unheimlich. Daniel war gezwungen, sich bewusst mit seinem Selbst zu beschäftigen. Es war sehr unangenehm, ja qualvoll. Zum ersten Mal in seinem Leben musste er über seine Taten nachdenken und sich selbst in Frage stellen. Bisher hatte er sich stets nur mit den Anderen beschäftigt und zwar immer nur so viel, wie es für die Durchsetzung seiner Macht notwendig war.

Daniel blickte auf sein Land und auf sein bisheriges Dasein wie ein reicher Großgrundbesitzer in der Neuen Welt; er war ein mächtiger Farmer, der nicht nur zahlreiche Rinder und Pferde besaß, sondern auch

Menschen mit denen er ähnlich umging wie mit dem Vieh und mit allem was von seiner Laune, seiner Machtgier abhängig war. Er war stolz auf sich und auf das Land, das er sein eigenes nennen konnte. Er hatte es als einer der ersten Pioniere, als Eroberer des Wilden Westens erkämpft und mit Hilfe vieler Menschen kultiviert. Doch andere besaßen nicht so viel Geld wie er, außerdem verstand er es gut, sein Vermögen zu vermehren, so dass er sich schnell durchzusetzen wusste und seine ehemaligen Helfer von ihm abhängig machen konnte. Seine Machtgier und seine Erfolge erlaubten es ihm nicht, ein schlechtes Gewissen zu entwickeln, geschweige denn es wahrzunehmen, nicht einmal nachdem er unzählige Wilde getötet und die Übrigen verjagt hatte. Alles was ihm widersprach konnte und durfte neben ihm keine Daseinsberechtigung haben.

Wieder nahm er seine eigenen Gedanken wahr und er verspürte eine schmerzliche Überraschung. Was war das für ein schlimmer Fluch, der jetzt über ihm hing? Welche Kraft vermag ihn zu einem Nachdenken anregen, durch welches er nicht nach der Erweiterung seiner Macht, sondern nach Verständnis strebte? Wollte diese Macht ein schlechtes Gewissen in ihm erzwingen?

Zuerst war er ein einfacher Offizier in dieser Neuen Welt gewesen. Doch seine skrupellose Tapferkeit gegen die Wilden ermöglichte ihm einen schnellen Aufstieg in der

Armee. So konnte er seine Macht vergrößern, seinen Jagdtrieb auf die Wilden erweitern, doch niemals vollständig befriedigen. Denn je erfolgreicher und berühmter er durch die vielen Schlachten wurde, desto mehr dürstete es ihm nach weiteren, noch größeren Erfolgen. Und als es in seinem Revier keine Wilden mehr gab, nahm er Abschied von der Armee. Mit all dem vielen geraubten und gestohlenen Geld zog er mit mehreren Gleichgesinnten gen Westen, um eine neue Umgebung ihm zu unterwerfen.

Aber warum musste er überhaupt nach so viel Macht streben? Nur deshalb, weil er vor seinem eigenen Schicksal so machtlos war? Weil sein Schicksal so sehr mit ihm gespielt hatte? Seine Kindheit verlief in der Alten Welt, und damals war er ganz anders gewesen. Ob er zu dieser Zeit glücklich war, daran konnte er sich nicht mehr erinnern. Glück war etwas, das er noch nie so recht zu begreifen vermochte; etwas, das er in den letzten Jahren nur als einen Rausch der Macht empfand. Er war noch zu jung und unwissend gewesen als seine Eltern seine Kindheit gewaltsam unterbrachen und ihn in die Neue Welt mitgenommen hatten. Doch diese Reise war für seine Eltern und für viele andere, die diese Reise ins Ungewisse angetreten hatten, nur ein kurzer Ausflug, denn bald nachdem sie angekommen waren, wurden sie von den Wilden überfallen und getötet.

Er hatte seine einstigen Freunde und Eltern und bald auch die Sprache seiner Kindheit verloren; er hatte sich selbst verloren. Und die Rache, seine Rache an den Mördern seiner Eltern, wurde unvermeidlich. Er glaubte, ohne dass es ihm je bewusst wurde, einzig durch sie Gerechtigkeit zu erlangen. - Doch in diesem Augenblick musste er sich plötzlich fragen, ob man die Gerechtigkeit überhaupt durch Blut und Tränen erkämpfen kann. War nicht die Rache immer nur eine Fortsetzung der Ungerechtigkeit?

Der tanzende Zauberer trat wieder vor seinen Augen. Sein bunt bemaltes Gesicht und die Federn in seinen Haaren wirkten fratzenhaft, gar unheimlich. Es erinnerte ihn an die unzähligen toten Krieger, die er auf seinem Wege hinterlassen hatte. Ob man ihn zunächst quälen und erst dann töten würde, fragte er sich? Ein Schauder erfüllte ihn. Er hatte schon viele Geschichten über die Grausamkeit der Wilden gehört. Aus diesem Grund konnte er sich auch nie leisten, die Wilden als Gefangene zu halten, selbst dann nicht, wenn es sich um Frauen und Kinder handelte.

Der alte Zauberer hörte auf zu tanzen und stand nun direkt vor ihm. Um ihn herum ertönten zahlreiche Trommeln und ein bedrohlicher, eintöniger Gesang. Er hörte sich grauenvoll an. Doch er kannte ihn; er hatte so etwas schon oft gehört. Es war eine Beschwörung der Toten, eine Trauerfeier für die gefallenen Krieger. All die Leichen lagen nebeneinander in einer langen Reihe. Seine Leute hatten viele Wilde getötet bevor sie nun selber getötet wurden. Niemand von ihnen war am Leben geblieben. Der Angriff der Wilden hatte sie alle überrascht. Und die ganze Farm war vernichtet, verbrannt, die Rinder und Pferde gestohlen; alles was ihm lieb und teuer war gab es nicht mehr. Nur er wurde am Leben erhalten und wurde an einen Pfeiler gebunden, damit er qualvoll sterben konnte. Es wäre besser gewesen, wenn sie auch ihn, so wie einst seine Eltern, gleich getötet hätten. Ein schneller Tod war besser als ein langsamer, qualvoller Tod. Das wusste er immer schon; auch aus diesem Grund hatte er auch nie Gefangene gemacht.

Der Zauberer lachte höhnisch als ob er seine Gedanken verstehen könnte. Sein Lachen verwandelte sich in eine Sprache, die von allen Seiten her in sein Bewusstsein drang:

"Das Bleichgesicht hat uns unser Land gestohlen und dafür wird er büßen."

Daniel hörte seine eigene Stimme antworten:

"Nein, ihr habt mein Land gestohlen! Die Farm gehört mir!" Etwas gab ihm die Kraft, ja zwang ihn förmlich, die Meinung auszusprechen. – Doch das Lachen des Zauberers setzte sich fort:

"Niemand hat dem Bleichgesicht dieses Land gegeben. Er hat es sich genommen."

"Ich habe es kultiviert", entgegnete er.

"Das Bleichgesicht hat es sich genommen" - wiederholte die bedrohlich lachende Stimme, - "und wir haben es uns zurückgenommen."

Was sollte er dieser Tatsache noch entgegensetzen? Verstand dieser Wilde überhaupt etwas vom Privateigentum und von den Gesetzen, die es beschützen? - Der Zauberer schien seine Gedanken wirklich lesen zu können:

"Das Recht des Menschen, einen Landstrich als sein Privateigentum zu nennen, ist stets von den Herrschaftsverhältnissen abhängig. Heute ist das ein bestimmtes Recht, morgen ein anderes." - Die unheimliche Stimme wurde lauter: "In dem Recht der Völker, ein bestimmtes Land ausschließlich als ihre eigene Heimat zu bezeichnen, steckte immer schon das Gesetz des Stärkeren!"

Ja, das Gesetz des Stärkeren; dies war das Einzige was diese Wilde kannten. Und von Gott und Gerechtigkeit schienen sie nie was gehört zu haben. Sie waren alle nur Götzenanbeter. - Die lachende Stimme des Zauberers unterbrach seine Gedanken:

"Für das Bleichgesicht sind wir alle Wilde, weil wir anders leben als es seiner Vorstellung von Zivilisation entspricht. Seine Vorstellung von uns ist einfältig und primitiv... Auch wir lieben einen Gott und das Leben. Alle Völker tun dies."

In ihm regte sich der Drang, sich erneut zu Wort zu melden: "Befiehlt euch dieser Gott, mich erst zu foltern, bevor ihr mich tötet?! Ja, ich habe auch getötet, denn ich wollte und musste leben." Es war eine traurige, fast beschämende Rechtfertigung: "Aber ich habe niemanden gefoltert!"

"Ein Tier muss leben - ein Mensch will es oder er will es nicht. Auch du hast noch das Tier in dir. Du nennst uns ‚Wilde', dabei ist dein eigenes Dasein nicht nur dein Wille, sondern auch ein Zwang..." Der Zauberer blickte gen Himmel: "Gott befiehlt den Menschen nie; er will sie ermuntern und befähigen, ihr Leben selbst in die Hand zu nehmen und selbständig zu gestalten. Befohlen wird den Menschen immer nur von den bösen Mächten."

Der Zauberer senkte seinen Kopf, blickte auf die Erde und schaute dann in seine Augen: "Es gibt nur einen Gott, aber verschiedene menschliche Vorstellungen von ihm. Du wirst mit keiner dieser Vorstellungen bestraft, im Gegenteil: Du wirst der Fähigkeit beraubt, dich hinter einer dieser Vorstellungen zu verstecken, mittels ihrer zu betrügen oder dich gar mit ihnen herauszureden. Dieses Schicksal erwartet alle Menschen, doch du wirst es schon in deinem jetzigen Leben erfüllen müssen..."

Wie eine Antwort auf seine Worte knallte ein Donner und ließ die Erde gewaltig erzittern. Dichte Wolken verdunkelten bedrohlich den Himmel. Inmitten des Grollens des Himmels vernahm Daniel ein allgegenwärtiges, allumfassendes Lachen, aus dem heraus er folgende drohende Worte vernahm: "Du musst über die Heimat der Menschen bewusst nachdenken und du wirst erst dann sterben können, wenn du sie gefunden hast!"

Der Pfeiler, an dem er eben noch angebunden war löste sich in Nichts auf und statt des alten Zauberers stand vor ihm ein schwarzes Pferd, aus dessen Augen zwei glühende Punkte sich durch Daniel wie brennende Pfeile bohrten. Er musste diesen Augen folgen und er bestieg das Pferd. Es setzte sich sofort in Bewegung, verließ atemlos die Gegend und ritt in die Weite der Prärie. Mit hoher Geschwindigkeit galoppierte es weiter. Er wusste, ohne es sich erklären zu können, wohin ihn sein Weg nun führte: Nach Osten zur Küste; zum nächsten Schiff, das ihn in die Alte Welt zurückbringen sollte. Dort begann seine verlorene Kindheit. Dort war einst seine Heimat. - Der Wind trug das unheimliche Lachen des alten Zauberers mit sich.

*

Er besaß kein Geld, um sich die teure Schiffskarte zu leisten und so musste er seine Fahrt durch Arbeit verdienen. Es war eine schwere, erniedrigende, eine von DER Gesellschaft missachtete Arbeit. Niemals vorher musste er eine solche Tätigkeit verrichten, nicht einmal in der Armee als er noch ein einfacher Soldat gewesen war. Das schlimmste bei der Arbeit war für ihn, dass er immer nur Befehle empfangen musste, ohne die Möglichkeit zu haben, selber zu befehlen. Und schlimm empfand er auch seinen Fluch, der ihn zwang, über all das nachzudenken; die Ungerechtigkeiten wahrzunehmen und zu fühlen.

Viele Abende lag er wach auf dem Boden seiner stinkenden Schlafstätte und rang mit seinen beklemmenden, unruhigen Gedanken. Und nur selten wurde er durch die Aufdringlichkeit der Ratten von seinem schmerzlichen Kampf befreit. Der Fluch des alten Zauberers begleitete ihn wie ein unheimlicher Schatten seiner eigenen Vergangenheit. Die Neue Welt konnte nicht seine Heimat werden und in der Alten war er schon lange nicht mehr heimisch. Doch er musste wieder Fuß fassen; er hatte noch Verwandte auf dem alten

Kontinent und bei ihnen sollte er seinen neuen Anfang versuchen.

Der schmutzige Hafen, in dem das Schiff seine wochenlange Fahrt endlich beendete, war erfüllt von schwer bepackten Menschen, die alle in die Neue Welt auswandern wollten - oder mussten. Er hörte zahlreiche Sprachen und eine von ihnen erinnerte ihn an seine Kindheit. Er konnte sie zwar verstehen, doch sie waren ihm ungewöhnlich und umständlich. Er dachte und sprach schon seit Jahren in einer anderen Sprache. Und dennoch erweckte diese Begegnung vergessene Gefühle in seinem Inneren. Aber es waren keine Gefühle der Freude oder Heimatgefühle, sondern es war eine tiefe Traurigkeit.

Er verließ rasch den Hafen und die Stadt. Das Land seiner Kindheit, in dem seine Verwandten lebten, war noch weit entfernt. Er musste quer durch den Alten Kontinent in Richtung Süd-Ost. Dort, wo er hin musste, grenzte diese Welt an eine andere, weiter südlichere Welt, in der schon seit Jahrhunderten ein Krieg tobte. Es fiel ihm ein, dass seine Eltern damals gerade wegen dieses Krieges beschlossen hatten, auszuwandern. Obwohl dieser Krieg damals keinesfalls eine Ausnahme darstellte, denn Krieg war schließlich überall, auch in der Neuen Welt. Überall kämpften Menschen und Völker gegeneinander, und alle nannten sich Patrioten und Heimatverteidiger.

Auch in dem Land, das er durchqueren musste, herrschte gerade Krieg. Er wusste nicht wer gegen wen kämpfte und weshalb, aber das war ihm auch egal. Das einzig Entscheidende in einem Krieg war sein Ausgang. Während die Straße entlang marschierte begegnete er vielen berittenen Soldaten. Er musste aufpassen, in diesen Krieg nicht hineingezogen zu werden. Und er war gezwungen, an seine eigene Soldatenzeit zu denken. Es war gar nicht so lange her als auch er stolz und mutig auf einem Pferd ritt, stets im rauschvollen, fraglosen Glauben, für sein Land zu kämpfen.

Und dann geschah, was er befürchtet hatte. An einer Straßengabelung wurde er plötzlich von mehreren Soldaten mit Waffen im Anschlag bedrohlich umkreist. Sie sprachen etwas zu ihm, doch er konnte ihre Sprache nicht verstehen. Dies schien ihnen höchst verdächtig zu sein und sie nahmen ihn gefangen. - Auf einer klapprigen Karre wurde er in ein Militärlager gebracht und in den Kerker geworfen.

Nach einiger Zeit voller Ungewissheit bekam er Besuch von mehreren Männern. Einer von ihnen sprach ihn gleich in seiner Sprache an:

"Was macht ein Engländer in unserem Land?"

"Ich bin kein Engländer" - antwortete Daniel überrascht. - "Ich bin Amerikaner." - Noch während er sprach, merkte er, dass sein Gegenüber es ihm nicht glauben würde. Und er selbst war sich nicht mehr sicher, ob seine Antwort der Wahrheit entsprach.

"Ich will die Wahrheit hören und keine Märchen", entgegnete der Mann. „Du bist gekommen, um unsere Revolution zu sabotieren. Wer also hat dich geschickt?"

Der Krieg war also eine Revolution, stellte Daniel fest. Die Ereignisse in der Alten Welt kannte er nicht. Er hatte jahrelang weit entfernt von ihnen gelebt und sie gingen ihn nichts an. Aber wie sollte er das diesen Revolutionären klar machen. Er beschloss, die Wahrheit zu sagen: "Ich lebte bisher in Amerika und jetzt möchte ich in meine alte Heimat zurück." Er wurde unterbrochen:

"Welche Heimat soll das sein?"

"Österreich."

"Aha, Österreichische Herren haben dich also geschickt!" Ein anderer Mann mischte sich ein und sprach ihn in einer anderen Sprache an. Es war wahrscheinlich österreichisch, doch Daniel konnte ihn nicht verstehen. So wurde er erneut in seiner englischen Sprache angesprochen:

"Du behauptest, ein Österreicher zu sein und kannst kein Deutsch?" Daniel verspürte Ärger und Verzweiflung zugleich. Das war alles so kompliziert. Diese Leute hatten entweder keine Ahnung oder wollten nicht wissen, dass in der Österreich-Ungarischen Monarchie mehrere Sprachen gesprochen wurden. Auch ihm selbst war das bis vor kurzem gar nicht bewusst, weil er sich keine Gedanken darüber gemacht hatte. – Man stellte ihm wieder eine Frage:

"Warum bist du hier?"

"Ich muss meine Heimat wiederfinden!" – Ein lautes Lachen aller Anwesenden verdrängte seine Worte und er begriff nicht, weshalb sie das so komisch fanden. Nachdem sie mit dem Lachen aufhörten, bekam er die Antwort: "Wir kämpfen für eine Heimat, nicht du! Für eine Heimat der Freiheit, Brüderlichkeit und Gerechtigkeit! Du bist nur ein Vasall der Reichen, die uns bisher immer nur ausgebeutet hatten!"

Alle Männer drehten sich um und gingen zur Tür. – Bevor sie den Raum verlassen haben, vernahm er noch die Worte: "Du wirst bald deine Heimat haben - im Himmel!" Das Lachen der Männer vermischte sich eisern mit dem Schallen der ins Schloss fallenden Tür.

Als es in der Zelle wieder still wurde, durchbohrte ihn eine brennende Angst. Sie erzwang ihm eine ganze Fülle von neuen Gedanken. Er musste sich wie von selbst fragen, weshalb diese Leute überhaupt glauben konnten, dass nur sie um eine Heimat kämpften und ihre Gegner und Feinde nicht. - Hat aber nicht auch er ähnliches geglaubt als er noch gegen die Indianer kämpfte? War seine Meinung über seine ehemaligen Gegner und Feinde nicht genauso vorgefertigt und fraglos wie die Meinung der Revolutionäre über ihn? Es wurde ihm bewusst, dass jeder Krieg eine Auseinandersetzung der vorgefertigten und starren Meinungen bedeutet.

Nach einer kurzen Zeit wurde Daniel wieder hinaus gebracht und bald erfuhr er endgültig, was man mit ihm vorhatte. Er wurde zum Tode verurteilt. Während er noch mit der Wahrnehmung verzweifelt rang, stand er schon an einer Mauer neben mehreren anderen Todeskandidaten. Er hörte sie schreien und dies Schreien verwandelte sich plötzlich in den monotonen Gesang der ihm bekannten Totenbeschwörung der Wilden! Neben sich erblickte er die bemalten Kriegergesichter der Indianer! Es war der Fluch! Seine Suche nach Heimat schien am Ende zu sein.

Die zur gleichen Zeit widerhallenden Schüsse aus den Gewehren hörte er wie einen Donner. Er spürte schmerzlos wie er fiel. Um ihn herum verdichteten sich schwarze Wolken. Und das Lachen des alten Zauberers drang durch die endlose Dunkelheit.

Irgendwann verschwand die Schwärze und eine andere trat in Vorschein. Es war Nacht. Um ihn herum stank es widerlich. Als sich seine Augen an das Mondlicht gewöhnt hatten erblickte er die Leichen. Er lag auf einem Haufen starrer Körper. Es war ekelhaft. Aber er war nicht tot! Nicht einmal verletzt! Der Fluch des Zauberers kam ihm in Erinnerung. Er würde erst dann sterben können, wenn er eine Heimat gefunden hat.

Erleichtert richtete er sich auf. Die Toten waren in eine Vertiefung außerhalb des Lagers geworfen, wahrscheinlich, um hier begraben zu werden. - Er verließ schnell das Grab und die Leichen. Unweit von ihm standen mehrere Soldatenpferde. Hinter ihnen, ein paar Meter weiter, sah er Lagerfeuer. Er rannte leise zu den Pferden, ergriff das Erste und sprang auf. Er gab dem Pferd einen kräftigen Tritt in den Bauch und es begann zu rennen. Er hörte Rufe und dann auch Schüsse, doch die Soldaten konnten ihn nicht mehr aufhalten.

Und die Nacht und der Mondschein begleiteten ihn über die dunklen Wiesen an den Dörfern und schlafenden Menschen vorbei. Wie außer Rand und Band gab er dem Pferd die Sporen und es galoppierte mit fliehender Geschwindigkeit immer weiter fort von den Soldaten und weg von den Toten.

(In Memoria an den Sozialpädagogen und Philosophen Vladimir Vlatko Bezitsch, Frankfurt am Main, * 1950 – † 1996)

Die gute Nachricht

Die meisten Menschen empfinden es gar nicht als angenehm, alt zu werden. Doch ich habe diesbezüglich eine gute Nachricht für Sie: Die ersten achtzig Jahre sind die härtesten, die zweiten achtzig Jahre sind aber dann nur noch eine Folge von Geburtstagsfeiern.

Wenn Sie es erst einmal geschafft haben sollten, achtzig Jahre alt geworden zu sein, ist Ihnen mit einem Male jeder aus purem Mitleid behilflich, Ihr Gepäck zu tragen und Ihnen die Stufen herauf zu helfen. Wenn Sie altersbezogen dann doch einmal in die unangenehmen Situationen gelangen sollten Ihren eigenen oder den Namen eines anderen vergessen zu haben oder eine Verabredung oder Ihre eigene Telefonnummer oder sich an drei Plätzen zur gleichen Zeit verabredet zu haben oder sich nicht mehr daran erinnern können, wie viel Enkel Sie haben, brauchen Sie nur beherzt zu sagen, dass sie achtzig Jahre sind.

Achtzig Jahre alt zu sein ist viel besser als siebzig Jahre. Mit siebzig regen sich die anderen über all Ihre Fehlleistungen auf. Mit achtzig haben Sie eine perfekte Entschuldigung, egal, was sie tun. Wenn Sie sich albern benehmen, dann ist das eben ihre zweite Kindheit. Jeder erwartet Symptome der Gehirnerweichung bei Ihnen.

Siebzig zu sein, macht keinen Spaß. In diesem Alter erwartet nämlich jeder von Ihnen, dass sie sich in ein Haus in Florida zurückziehen und über ihre Arthritis klagen und Sie bitten, nicht so leise zu sprechen, weil Sie ihn nicht verstehen können (in Wirklichkeit sind Sie halb taub).

Wenn Sie bis zum Alter von achtzig überleben, ist jeder überrascht, dass Sie immer noch da sind. Man behandelt Sie mit Respekt, nur weil Sie es so lange geschafft haben. Man ist tatsächlich erstaunt, dass Sie noch vernünftig laufen und sprechen können.

Also versuchen Sie um jeden Preis achtzig Jahre alt zu werden. Das ist nämlich von allen Lebensepochen die beste Zeit in Ihrem Leben. Ihre Umgebung verzeiht Ihnen einfach alles. Grenzenlose Narrenfreiheit ist Ihnen gegeben. Und wenn Sie mich fragen, die gute Nachricht ist in der Tat diese: Das Leben beginnt mit Achtzig.

(In Memoria an Alice (Lizzy) Kock, Dresden, Frankfurt am Main, * 1914 – † 2010)

Ellas Reise

Prolog

Plötzlich war es still um Ella herum. Alle Geräusche verstummten mit einem Mal. Nichts war mehr zu hören. Außer Stille. Nichts als Stille. Selbst ihre Gedanken hörten mit einem Male auf zu fließen … Der Stromausfall im Haus brachte alles zum Erliegen und löste in Ella ein wie in Öl gemaltes Bild vor ihrem geistigen Auge aus, welches dem Einfrieren eines tosenden Wasserfalls glich. Ella erstarrte vor Ehrfurcht im Antlitz der Stille. Ihr war es als bliebe sogar die Zeit stehen – selbst die Uhr im Zimmer tickte nicht mehr. Der Blick aus dem Fenster in die flirrende Stimmung des Nachmittags eines hochsommerlichen Sonntags im Garten ließ Ella das leichte Rauschen ihres Bluts in den Adern am Ohr der Wahrnehmung spüren. Kein Vogel zwitscherte, kein Auto rauschte die sonst so belebte Umgehungsstraße entlang, der Himmel war Flugzeugfrei und nicht ein einziges murmelndes Gespräch irgendeines Nachbarn war wahrzunehmen. Allein ihr Herzschlag mit seinem pulsierenden Gleichklang drang Ella nach und nach ins Bewusstsein. Ella drehte ihren Kopf zum Telefon. Der Impuls zu Handeln blieb jedoch im Keime stecken. Es war so als hielt sie eine unsichtbare Hand zurück und drückte sie fest in den Stuhl, auf dem sie am Tisch inmitten ihres Wohnzimmers saß. Ella lauschte dem Geschehen mit einem Gefühl des

Unmutes. Doch sie hörte nichts. So sehr sich auch bemühte auch nur ein Geräusch von außen aufzuspüren, Ella war umgeben von unendlicher Geräuschlosigkeit. Ihr kam diese Situation ziemlich unwirklich vor. Was nun, dachte Ella? Irgendwas muss ich doch jetzt machen, so kann das doch nicht bleiben, ich kann doch nicht einfach untätig bleiben! Ella wollte gerade einen zweiten Versuch wagen, sich von ihrem Stuhl zu erheben und aufzustehen. Plötzlich begann in diesem Moment der Fernseher mit einem leisen rauschen mitten in Ellas Gedanken hineinzuplatzen und zerschnitt die unerträgliche Stille. Auf dem flirrenden Bildschirm erschien die Silhouette einer Gestalt in einem hellen Talar. Es schien, als ob das Wesen die Arme nach oben hob und mit einer ausladenden Geste versuchte das Flimmern im Fernseher zu verscheuchen. Nach und nach wurde deutlich, dass es sich um einen weißhaarigen Mann auf einer Art Kanzel einer sehr hell und Licht durchfluteten Glas-Kathedrale handelte. Noch immer wedelte der Mann mit den Arm-Pelerinen seines Talars den Dunst von der Scheibe. Ella erschrak. Vor ihren Augen erschien ein sehr, sehr alter Mann, der sich auf die Balustrade seiner Kanzel stützte. Er nahm einen goldenen Stock, eine Art Zepter, in seine rechte Hand und beugte sich über die Kanzel hinaus und probierte mit dem Stab herauszufinden, ob er einen Kontakt über die Fensterscheibe des Fernsehers hinaus herstellen konnte. Ella blickte auf den Fernseher und war wie gelähmt ob des Schauspiels, welches sie immer mehr in ihren Bann zog. Der Mann begann zu reden. Zunächst konnte Ella gar nicht verstehen was er sagte. Es war noch zu leise und dadurch zu undeutlich. Doch dann vernahm sie deutlich seine Worte: Ella, berühre meinen Stecken! Ella begriff gar nicht was der Mann von ihr wollte. Und warum sollte sie den Stab berühren und vor allem wie? Ella stand von ihrem Stuhl am Esstisch auf und ging mit zwei Schritten vorsichtig zu ihrem großen Fernsehgerät hinüber. Sie näherte sich ganz langsam der Fernsehscheibe und plötzlich streckte sich ihr der Stab entgegen. Ella…, vernahm sie erneut ihren Namen, Ella…, berühre meinen Stecken! Der Stab ragte mitsamt seiner Kugel am Ende aus dem Fernseher heraus und Ella konnte nicht glauben was sie da sah. Vor ihr lugte ein Zepter aus dem Fernseher und ein Mann wollte, dass sie ihn berühren sollte. Ella war verwirrt. Was soll das alles, dachte sie unruhig? Was ist denn hier nur los? Raoul? Rief sie in den Raum hinein, in der Hoffnung, Ihrem verstorbenen Ehemann zu begegnen. Raoul? Bist du es? Ella…, rief die Stimme aus dem Fernseher. Ella…, berühre meinen Stab! Raoul, wenn du es bist, der aus dem Himmel spricht, dann will ich den Zepter berühren! Ella zögerte noch eine Weile und lenkte zaghaft ihre rechte Hand zum Stab und umklammerte ihn ganz sanft. Mit einem Mal durchzog Ellas Körper eine unendliche Wärme. Eine Flut noch nie erlebter wohliger Gefühle durchströmte Ella von den Fußzehen bis in die Haarspitzen. Ella…, ich bin gekommen, um Dir mitzuteilen, dass es deinem Raoul gut geht, sagte die Stimme aus dem Fernseher sanft und zog den Zepter zu sich zurück. Dort wo er sich nun befindet wird er neue Erfahrungen machen, die er dir mitteilen will, sobald auch du ins Land der Hoffnungen himmelfährst. Du bist nicht Raoul, fragte Ella entsetzt? Wer bist du dann? Sag wer du bist! Ich verstehe das alles nicht, antwortete Ella verwirrt. Du wirst schon noch verstehen lernen, Ella, sagte der Mann mit ruhiger, tiefer und Vertrauen erweckender Stimme. Sorge dich nicht um das was mal war, Ella, fuhr der alte Mann fort. Schaue nach vorn und blicke auf das was du bislang erreicht hast und… Aber, das tue ich doch, unterbrach Ella die Stimme aus dem Fernseher. Ich bin ja froh, dass mein Raoul nun in guten Händen bei Gott angekommen ist. Ella, ich weiß, du hörst nicht so gut, doch bitte ich dich, mich nicht zu unterbrechen, da sonst der Gang der Gedanken nicht zu Ende gebracht werden kann und somit kein fruchtbares Gespräch entstehen wird. Entschuldige, sagte Ella demütig. Rede nur weiter! Ella, bist du dir sicher, dass das was du unter Gott verstehst auch das ist was Gott von dir will? Nach einer kurzen Pause war sich Ella nun sicher, dass die Stimme nicht weiterreden wird und sie antworten kann. Ja, der Gott aus der Bibel ist ein guter Gott, der die Menschen liebt. Gott hat doch immer was mit den Menschen vor. Er weist ihnen doch den Weg zum Guten. Ich weiß für mich, dass auch Gott will, dass es mir gut geht, dass ich gesund bleibe. Ich bin ja aus der Kirche ausgetreten, weil die Pfarrer dort immer nur von Schuld reden und die Menschen klein halten. Da ist gar keine Freude in der Kirche. Ich will eine Kirche voller Freude und Leben. Ella, das ist ein guter Gedanke, den du da aufgreifst. Wahrlich, blicke dich um und du stellt schnell fest: die Menschen sind zum größten Teil schlecht, sie sind neidisch, sie sind habgierig, sie lieben nicht und sie vernichten sich in Kriegen. Meinst du, dass da ein Gott der Liebe Platz hat? Ella ist verblüfft, welche Gedanken sie mit der Stimme aus dem Fernseher austauscht. So hat sie das ja noch nie erlebt. Das kommt ihr gerade so vor, als würde sie einen Gottesdienst bei Hour-Of-Power sehen und dort ein Gespräch mit dem Pastor Dr. Robert Schuller halten. Aber der Schein trügt. Es ist nicht der Pastor aus Garden Grove. Nein, der Mann war anders. Viel älter und er gab Ella das Gefühl als sei er ihr schon immer vertraut gewesen, als sei er schon immer ein Teil von ihr. Und vielleicht ist es auch ihr Gewissen, welches durch den alten, weisen Mann sprach. Oder war es sogar Gott selbst? Ella hielt inne. Sie schaute sich um. Alles war noch immer von Stille umgeben. Die ganze Welt schien wie in ein Gemälde eines Stilllebens gezeichnet und Ella kam sich vor, als sei sie die Schöpferin all dieser Dinge, die sie in ihrem Haus umgab. Ja, Ella schaute sich um und sie blickte auf unendlich viele Dinge, an denen ihr

Herz hing. Nichts davon wollte sie missen. Und die Stimme aus der Kathedrale ergänzte ihre Gedanken: Das sonst so lebhafte Haus mitsamt seinen dauerhaften Radiogeräuschen, den vielen kleinen Dingen die ständig danach rufen erledigt werden zu müssen, all die unerledigten Häufchen und Stapel voller Papierkram, Bedienungsanleitungen unzähliger Gerätschaften die nur darauf warten endlich gelesen zu werden, Zeitungen, Prospekte, Wäscheberge und permanentes Telefonklingeln, Post und Einkäufe sowie die unruhige von den Wänden herabströmende Bilderflut – all das füllt dein Leben, lässt dich am Puls der Zeit teilhaben und sorgt für einen unendlichen Fluss der Rastlosigkeit, weit, sehr weit ab von dem was dich wirklich bewegt. Schau, dieses Haus ist mit einem Schlag wie verwandelt. Ich weiß, dir ist diese Atmosphäre fremd. Stille ist kein Attribut deines Lebensrepertoires. Denn das Leben ließ dir bislang nicht wirklich Zeit zum Innehalten. Es musste ja immer weiter gehen. Die Pflichten riefen und duldeten keine Langsamkeit, kein Aussetzen und hielten dich stets fest in ihren Bann. Du gibst die Verantwortung deines Lebens an die Pflichterfüllung ab: Die aufopfernde Pflicht, sich um deine Mutter, deinen Vater, deinen Bruder, deine Schwiegermutter, deinen Ehemann und nun auch noch deinen Neffen beziehungsweise deinen fünf Großneffen sowie deine Patenschaft in Fernost – zuletzt nicht zu vergessen deine Hunde. Du trautest dich kaum, dich dagegen zu wehren.

Ständig getrieben vom Rausch der Suche nach dem Sinn des Lebens spürst du irgendwie tief in dir trotzdem eine treibende Kraft, die immer wieder einmal auflodert und sich in den offenen Kampf mit den Mächten der Widersacher deines selbstbestimmten Lebens begab. Doch der Weg des geringsten Widerstandes ist nun mal wie das Flussbett, welches sich den einfachsten Weg bahnt, um ans Ziel zu kommen. Hier ein Schaufenster und dort ein Katalogbild, hier die neuste Errungenschaft und dort das aktuellste Gerät, all das betäubte den Wunsch nach einer eigenen Entwicklung, nach der Entfaltung des eigenen Wesens, nach der Freiheit, die Gott für dich vorgesehen hatte. Da saß Ella nun im Scheinwerferlicht der unendlichen Stille, inmitten des Atems Gottes und wusste nicht wie ihr geschah. Und nun? Ella begann ihre Gedanken zu sortieren. Bislang hatte es noch nie einen Totalausfall in ihrem Leben gegeben. Stets hatte Ella das Heft in der Hand und sie war auch nie bereit das Zepter anderen zu überlassen. Dazu hatte sie sich viel zu sehr abgerackert, sich diesen wunderbaren und bescheidenen Wohlstand aufgebaut. Gut, mit Gottes Gnade vielleicht, aber dennoch im Angesicht ihres Schweißes. Und das wollte Ella sich auf keinen Fall von nichts und niemandem und schon gar nicht von unvorhersehbaren Widrigkeiten zerstören lassen. Nein, Ella wusste was das Leben abverlangt. Sie wusste ganz genau wo es lang geht. Da konnte ihr so schnell keiner etwas vormachen. Sie hatte sich die Ernte des Lebens hart erarbeitet, also stand sie auf dem Standpunkt, dass Sie auch ein Recht auf Überfluss hatte – koste es was es wolle. Ella war nicht der Typ Mensch, der sich treiben ließ. Ella suchte stets nach Sicherheit im Leben. Und so wurde Wohnung eine liebevolle Festung aus Sammelsurium gegen den Erinnerungsverfall. Ella wollte das Leben mit aller ihr zur Verfügung stehenden Macht festhalten, anhäufen und am liebsten unsterblich machen. Dabei vergaß sie vielleicht hin und wieder selbst zu Leben. Hast du dabei nicht manchmal das Gefühl, bei all dem eines der elementaren Wesenszüge des Lebens an und für sich zu vernachlässigen: Nämlich das Vertrauen – das Vertrauen in sich, in die Menschen, in die Welt, in den Fluss des Daseins, in Gott im Speziellen, fragte Gott mitten in ihre Gedanken hinein? Einmal die Fünf gerade sein zu lassen, das passte nicht in Ellas Denkschema. Es durfte nicht sein was nicht sein konnte. Dabei haben die Spielarten des Lebens mehr zu bieten außer nur Schwarz und Weiß. Da gibt es unzählige Facetten an Grautönen und darüber hinaus sogar unendlich viele Farben. Sich einmal nur treiben lassen, das Leben in sich aufsaugen mit Zeitverlust und ohne Gewinnbestrebungen, ohne all die kostbaren Momente auf Zelluloid verewigen zu müssen, davon konnte Ella nur träumen – aber leider nicht ausleben. Und doch ist das alles irgendwie ein Teil ihres Lebens und dieses Leben liebte sie unendlich, sogar so viel, dass sie manchmal einen

Anflug von Furcht dabei empfand, wenn sie daran denken musste, dass dies hier alles einmal enden könnte. Nach diesem Gedankensturm war Ella sich sicher: Ja, ich bin schon der Meinung, dass Gott die Menschen gut machen kann, antwortete sie bestimmt und selbstsicher. Gott kann kein zerstörerischer Gott sein, sonst hätte er das alles hier doch gar nicht erst aufgebaut. Er hat doch sieben Tage gebraucht um das hier alles zu erschaffen – warum sollte er im Angesicht seines Schweißes diese Errungenschaften aufgeben und der Zerstörung durch den Menschen Preis geben? Nein, ich bin fest davon überzeugt, dass Gott ein Gott des Guten ist. Wenn Gott für dich ein Gott der Liebe ist, warum hast du das unstillbare Bedürfnis dich gegen alles abzusichern? Ist dies nicht eher zu verstehen als ein Akt der Angst gegen das Unvorhersehbare und somit eigentlich ein Widerspruch zu einem liebenden Gott? Bedenke nun, du fährst in das HEILIGE LAND, dem Land unserer Väter und Urväter, dem Land Jesus Christus und dem gelobten Land Gottes. Schaue in dein Herz und gebe dir eine ehrliche Antwort! Ella war wieder verblüfft. Woher wusste der Mann so viel von mir, dachte sie? Ella wusste nicht so recht was sie hierauf antworten sollte. Doch fiel ihr ein, dass alle Dinge von Gott kommen, selbst das Bedürfnis nach Sicherheit. Aber, wenn Gott mich liebt, dann sorgt er für mich, und mein Bedürfnis nach Sicherheit ist doch dann folgerichtig ein Ausdruck von Sorge und Liebe, oder?

Also ich meine, dass ich damit schon richtig liege. Ich bin mir sicher, dass Gott das so mit mir vorhat. Jeder hat ja doch seine Aufgabe zu er-füllen. Und wie soll ich denn meine Er-rungenschaften an meine Nächsten weiterge-ben, wenn ich nicht vorsorglich dafür Sorge trage, dass die Früchte der Anlagen auch ordentlich gedeihen. Gott hat so viel zu bieten, also bin ich sein Werkzeug, um seinen Reichtum an mich selbst und andere weiter zu leiten. Warum sollte ich davon nicht profitieren auch zum Wohle anderer? Ella, du bist selbstverständlich auch ein Kind Gottes. Und du tust Gutes mit deinen Gedanken für diese Welt. Wenn du nach Israel kommst, versuche den Geist Gottes nachzuspüren. Gehe in dich und genieße deine Einstellungen und Erfahrungen mit Gott und Jesus Christus. Trete in einen aktiven Dialog mit unserem Schöpfer. Frage nach dem Sinn des Lebens – nach dem Sinn Deines Lebens. Glaube mir, es ist überhaupt nicht wichtig, irgendwelchen Souvenirs nachzujagen, weil du nämlich damit die Pfade des Geistes Israel verlassen wirst. Erfühle ehrfürchtig die drei Weltreligionen, die auf dieser Erde ihre Wurzeln tragen. Fühle den Weg Moses, der das Land der Verheißung nie zu Gesicht bekam, weil er auf dem Pfad der Tugend zu oft zweifelte. Und dennoch bereitete er den Weg für sein Volk zu Gott durch den Bund zwischen ihm und den Menschen. Fühle die Liebe Jesus Christus, der den Menschen das schönste Geschenk machte, welches der Glauben an Gott zur Verfügung stellt: Die

Nächstenliebe. Und folge letztlich dem Geist Mohameds, der mit seinen Gedanken den Menschen den universellen Frieden Gottes, also die Toleranz und die Menschenrechte nahebringen wollte. Liebe Moses, liebe Jesus und liebe Mohamed. Du wirst sehen. All diese drei Gaben: Gottes Bund, Nächsten-liebe und Toleranz sind die Wahrzeichen eines tatsächlich liebenden Gottes, der auf den Säulen dieser drei Religionsweisheiten auch für dich viele Gaben der Erkenntnis bereit hält. Gehe auf die Reise und erspüre dich selbst in Gott! Trenne die Spreu vom Weizen. Werfe ab, was unwichtig ist, nehme an, was das Leben noch für dich an Gaben und Wundern bereithält. Teile dein Leben anderen mit – teile dein Leben und du wirst es vermehren! Gebe dich hin und du wirst dich finden! Denn das Einzige was sich vermehrt, wenn man es teilt ist die Liebe!!! Mit diesen Worten erlosch der Fernseher und Ella saß auf dem Sofa mit einem sanften Lächeln auf den Lippen. Geh nicht weg, wollte sie dem weisen Mann noch nachrufen, doch sie sah sich mit einem Mal wieder umgeben von schweigender Stille. Und das Bild ihrer Wohnung verblasst zunehmend mit den Gedanken an das Abenteuer Israel was ihr nun bevorsteht. Und es gibt kein Zurück mehr. Die Aufregung ist groß. Ella spürt ihr Herz schlagen. Gott klopft an. Und es bleibt ihr nichts anderes übrig als die Tür zu öffnen. Der Kapitän aus dem Cockpit lässt in diesem Moment über den Lautsprecher verlautbaren, dass sie in wenigen Minuten in Israel landen werden. Gott, ich komme, hörte Ella sich leise flüstern. Mit diesen Worten ist Ella nun auf sich selbst zurückgeworfen und in ihrem Kopf schwirren unendlich viele Fragen an die Erwartungen an diese wunderbare Reise nach Israel: …

Epilog

Ella sitzt im Flugzeug auf der Rückreise nach Deutschland. Sie ist voll mit Eindrücken. Diese Reise war mehr als das was Ella bislang auf ihren Reisen durch die Welt erlebt hatte. Das war tief beeindruckend. Ella sitzt im Sessel des Jumbos und schwelgt in Erinnerungen, die sie in ihren Bann halten wie ein Baby, welches sich fest an die Mutter klammert und sie nicht mehr loslassen will. Unendlich viele Bilder ziehen an Ella vorbei: Die Ankunft, das Hotel, die Sprache, die Leute, die Häuser, Innenstädte, Kirchen, Tempel, Moscheen, die Besichtigungen, der Geist des Ortes, die politische Anspannung in der Luft, die vielen Gespräche, Moses, Jesus, Mohamed und Gott… All diese vielen Bilder lassen Ella nicht mehr los. Am liebsten möchte sie zurückkehren, die Zeit zurückdrehen, noch einmal die Reise von vorne beginnen. Also versucht Ella sich daran zu erinnern wie es war als sie den Boden von Israel betreten hat und setzt es in einen Vergleich mit dem Moment als Ella den Boden von Israel wieder verlassen hatte. Sie schreibt dazu folgendes auf:

Als ich den Boden von Israel zum ersten Mal betreten habe, da lief mir ein Schauer über den Rücken. Als ich den Boden von Israel wieder verlassen habe, da durchströmte mich innerer Frieden.

Ella blickt auf ihre niedergeschriebenen Erfahrungen und stellt fest, dass alles was ist, zeitlich begrenzt ist und zwischenzeitlich einer Entwicklung sowie letztlich der Vergänglichkeit unterliegt. Alles hat ein Ende. Alpha und Omega, ist das Sinnbild Gottes hierfür. Gott ist der Anfang und Gott ist auch das Ende. Gott ist. Ella auch. Ella stellt fest, dass sie ein Fass voller Erfahrungen ist, welche einmal mit ihrer Geburt und in ihrer Kindheit begannen und als alter Mensch mit dem Sterben enden. In Israel sind viele Propheten geboren und verstorben. Sie haben dort gewirkt, sie wurden bewundert und gehasst. Sie stießen auf Verständnis und Anhänger aber auch auf Unverständnis und Feinde. Und doch haben sie innerhalb der von Gott zur Verfügung gestellten Zeitspanne auf die Menschen und deren Geschichte gewirkt. Und das ist das was Ella sich vor diesem Hintergrund nun ebenso fragt: Was habe ich im Leben bewirkt? Die Reise hat Ella aufgezeigt, dass ihr Leben Spuren auf dieser Welt in dieser Zeit hinterlässt. Also notiert sich Ella folgende Gedanken hierzu:

Mein Leben hat eine Spur des Reichtums hinterlassen, von dem alle anderen Menschen um mich herum profitieren.

Und als Ella darüber sinniert welche Wirkungen ihr Leben auf dieser Gotteserde für alle Dinge und Menschen hat, wird ihr plötzlich bewusst, dass sie ein Teil des großen Schöpfungsplans Gottes ist. Gott hat einen klaren Auftrag für sie bereit gehalten, den auch nur sie – und kein anderer Mensch auf diesem Planeten – ausführen kann. Es ist allein Ellas Auftrag, der ihr von Gott aufgetragen wurde, so wie einst Gott Jona beauftragte, den Menschen von seinem Werk und von seiner Liebe zu erzählen. Die Reise nach Israel hat Ella so stark inspiriert und ein Licht auf sie selbst geworfen, dass sie sich nun ganz und gar im Klaren darüber ist, welchen Auftrag sie nun von ihrem Schöpfer, unserem Gott, bekommen hat. Hierzu notiert sie sich rasch ihre Gedanken zu ihrem ganz persönlichen und unverwechselbaren Schöpfungsauftrag:

Ich habe von Gott den Auftrag bekommen den von Gott gegebenen Wohlstand an andere Menschen weiter zu geben und ihnen dazu zu verhelfen, selbst in ihre Kraft und in ihren Wohlstand zu kommen.

Mit einem Male fällt es Ella wie Schuppen von den Augen und sie fühlt sich innerlich ganz ruhig. Der Blick aus dem

Flugzeugfenster mitsamt seinem pittoresken Himmelspanorama untermalt ihre Gedanken an Gottes Schöpfungsakt und auch ihre eigene Aufgabe in diesem Vollendungswerk Gottes. Hier spürt sie sich Gott ganz nah. Sie spürt die Kraft des Lebens. Das Leben selbst ist die Quelle für das Leben, nichts Anderes. Ella sitzt nun an der Quelle ihres eigenen Lebens und spürt den Fluss des Lebens durch sie hindurch strömen. Jetzt weiß Ella, dass es vollbracht werden kann: Mein Leben ist wunderbar und ich kann es mit anderen teilen – das ist das größte Geschenk das ich meiner Umwelt machen kann: Mich selbst! Ella lehnt sich zurück und versucht sich zu entspannen, als plötzlich der alte, weise Mann aus dem Fernseher vor ihr im Flugzeuggang erscheint. Alle anderen Flugpassagiere scheinen gar nicht mitzubekommen, dass der Mann sich im Flugzeug befindet. Der hochgewachsene Mann kommt auf Ella zu und spricht: Ella, hast du auf deiner Reise ins gelobte Land die wichtigsten Erfahrungen machen können, die es gibt, wenn man nach Israel reist? Ella verstand nicht gleich was der Herr meinte. Sie drehte nochmal an ihrem Hörgerät, doch der alte Mann sprach: Du weißt schon, dass es zu einer solchen Reise dazugehört, sich mit dem eigenen Glauben zu beschäftigen! In der Luft spielten sich plötzlich bizarre Szenen von einigen Gestalten ab, die Ella irgendwoher kannte. Die Bilder in der Luft glichen einer Filmvorführung und stellten die Propheten des alten und neuen Testamentes dar. Alle diese Figuren sind Ella schon einmal irgendwo flüchtig begegnet. Außer die eine Figur mit dem Kreuz um den Hals. Die erkannte Ella sogleich als Jesus von Nazareth. Die Identitäten der anderen Männer konnte Ella nur erahnen. Der alte Mann erkannte Ellas Ratlosigkeit und sprach zu ihr in einer Art Vortrag in einem Religionsseminar: Du weißt, dass die drei großen Religionen maßgeblich für die Entwicklung der geistigen und sozialen Haltung bei den Menschen auf dieser Erde verantwortlich sind. Und so hast du sicherlich in Israel gespürt, dass von hier aus der Geist Gottes in die Welt gekommen ist. Alles was du aus deiner Heimat her kennst hat hier seinen Ursprung erhalten. Unzählige Vorfahren haben dir den Weg bereitet für das was du heute bist und woran du glaubst. So will ich dir kurz erläutern wie sich die Dinge von Grund auf ergeben haben, welche Entwicklung die Glaubenssysteme durchgemacht haben und wie sie sich gegenseitig beeinflussten. Als vor ungefähr neuntausend Jahren vor Christus die Juden Jahwe zu ihrem Stammesgott anerkannten, haben viele Propheten versucht Gottes Wort an die Menschen zu bringen. Einer davon war Jesaja, der in Gott die Kraft hinter allen Kräften sah. So war er es, der den Menschen zum ersten Mal nahe legte, dass die Armen, die Kranken und Unterdrückten ebenso wie alle anderen Menschen Kinder eines lebendigen Gottes sind. In diesem Geiste predigten auch Jeremia und Elia, dass die Menschen von Gott aufgerufen sind, dem

Unrecht Widerstand zu leisten und den Bedürftigen zu helfen. Die Propheten setzten sich dafür ein, dass alle Menschen ein friedvolles Miteinander leben sollten. Denn nur wenn die Menschen sich in Frieden umeinander kümmern, ist eine Weiterentwicklung des Menschen möglich. Und so bauten die Juden darauf, dass eines Tages ein Messias erscheinen sollte, der das Volk – ähnlich wie Moses – in das Himmelreich Gottes, also zu Frieden und Gerechtigkeit führen werde. Und siehe da, der Messias kam in Gestalt von Jesus Christus, dem Erlöser von den Sünden. Jesus verkündete die frohe Botschaft und brachte den Menschen die Nächstenliebe nahe. Jesus setzte praktisch in die Tat um was seine prophetischen Vorgänger theoretisch predigten. Jesus wirkte als Vorbild und sprach von der Liebe Gottes zu den Menschen. Jesus Christus lebte diese Gottesliebe den Menschen vor und behauptete, dass diese Liebe die Menschen untereinander weitergeben können. Das zeigte Wirkung im Land und die Menschen folgten ihm wie einem gutherzigen König. Sie begannen über ihre eigenen Unzulänglichkeiten nachzudenken, weil Jesus ihnen Heil versprach, wenn sie ihm und Gott nachfolgen würden. Hier wurde praktisch der erste Tauschhandel aus der Taufe gehoben: Wenn du mir folgst, bekommst du dafür Heil. Und das hat bei den damals spirituell ertaubten Menschen eingeschlagen wie die Werbung eines neuen Produkts. Dass Gott mich heil macht, mich erlöst von meinen Sünden, dafür lohnt es sich, mein altes, sündiges Leben über Bord zu werfen und von nun an Gutes zu tun für einen Preis der körperlichen Gesundheit, geistigen Wohlstands und ewigen Lebens im Himmelreich bei Gott. Das Christentum verbreitete sich mit seinen frohen Botschaften so rasant in der Welt aus, dass diese Religion heute zur größten der Welt zählt. Doch auch das Christentum konnte nicht verhindern, dass der Hass, der Neid, die Ausbeutung und Kriege auch im Namen von Jesus Christus weiterhin die Welt beherrschte. So kam, was kommen musste, ein neuer Prophet beglückte die Welt und sein Name war Mohamed. Er erschien sechshundert Jahre nach Christus und prangerte die Entstellungen und Verfehlungen der Gottesbotschaften durch die Juden und Christen an. Gott hatte erkannt, dass es nicht reiche, in Gleichnissen dem Menschen seine Botschaft zu vermitteln. Denn diese Gleichnisse können missgedeutet werden. Also entschied Gott sich den Menschen ganz und in eindeutigen Worten mitzuteilen. Hierzu setzte der den Propheten Mohamed als sein Sprachrohr ein. Mohamed brachte den Menschen die Gebetspraxis nahe, die in ihrer Auslegung fünf Mal am Tag zu Gott zu beten dafür Sorge tragen, sich Gott hinzugeben und um ihm näher zu sein als die im Judentum und Christentum gebräuchliche Andachtspraxis ermöglicht. Eine der Kernaussagen des Islamischen Glauben lässt sich anhand eines Gedichts des islamischen Dichters Rumi verdeutlichen: Eine Kraft ist in dir, welche dir Leben gibt – suche Das. Ein unschätzbares Juwel liegt in deinem Körper – suche Das. Suchst du, o wandernder Gläubiger, den größten Schatz, so schau nicht außen, schau nach innen und suche Das. Gott ist überall, in dir und außer dir, Gott ist Glaube und Bewusstsein. Um dies zu erfahren bedarf es der bedingungslosen Unterwerfung vor Gott. Das gläubige Regelwerk versetzt die Menschen in spirituelle Ekstase und gibt ihnen Sicherheit und Orientierung im Alltag. Heute zählt der Islam zur zweitgrößten Religion der Welt und seine Anhänger steigen stetig. Ella ist tief beeindruckt von der Geschichte. So habe ich das noch gar nicht gesehen, denkt sie im Halbschlaf und als sie die Augen öffnet ist der alte Mann, aber auch die in der Luft projektieren Gestalten, plötzlich verschwunden. Die Menschen um sie herum sind allesamt in ihre Gespräche vertieft und haben das Geschehen nicht mitbekommen. Dieser kleine Geschichtsausflug hat Ella dazu bewogen, über ihren eigenen Glauben nachzudenken. Ja, fragt sich Ella, hat die Reise nach Israel etwas an meinem Glauben bewirkt? Bin ich nun gestärkt in dem was ich vorher schon glaubte? Oder hat sich etwas Grundlegendes verändert? Ist es tiefer geworden? Hat sich meine Richtung geändert? Der Blick auf die Dinge und auf die Menschen gar? Ella versinkt im Meer voller Glaubensfragten und bevor die Antworten einfach so dahinplätschern und im Nichts verloren gehen, holt sie sich einen Stift und schreibt sich zu ihrem Glauben folgende Gedanken auf:

Wie und was war mein Glaube bevor ich nach Israel gereist bin? Nur ein unbekanntes Wesen.

Wie und was ist mein Glaube nachdem ich in Israel war? Lebendig und Gott ist eine mich durchströmende Energie der Liebe.

Und was werde ich in meinem Leben nach den Erfahrungen aus Israel verändern? Ich werde mich den Menschen mehr öffnen und nicht alles nur für mich behalten.

Erkenntnis

Ella sitzt voller Herzenswärme im Flugzeug auf dem Weg nach Hause, nach Hause, was genau bedeutet das aber nun für sie? All diese wundervollen Eindrücke will sie festhalten und in Freude verwandeln. Freude, die nach außen will. Da gibt es nicht sehr viele Menschen in ihrer unmittelbaren Umgebung, mit der sie genau diese Freude über all die neu gewonnenen Erkenntnisse teilen könnte. Aber das stimmt sie nicht mehr traurig, keineswegs, denn Ella ist nicht mehr alleine. Im Gepäck hat sie etwas Wundervolles mitgebracht. Es ist ein Geschenk von Gott an sie, an sie ganz persönlich. Dabei hat sie aufgehört daran zu zweifeln, dass Gott für sie ein

Geschenk haben könnte, dass sie so besonders sein kann, dass er sie wirklich persönlich anspricht. Allein das ist schon ein großes Geschenk, dieses Wissen darum, dass auch sie Gott erhören kann. Aber das war es gar nicht alleine. Ella hat so viel mehr im Gepäck. Sie fühlt die Liebe Gottes so stark. Es ist dabei nicht die Liebe, die nur mit Worten beschrieben wird und die sie so eigentlich auch nie wirklich verstanden hat. Immer wieder versucht die Menschheit die Liebe mit Worten zu umschreiben. Aber Ella spürt tief in sich hinein und weiß, dass die Liebe, so wie Gott sie für uns Menschen vorgesehen hat, keiner Worte mehr bedarf. Sie erlebte in Israel die Vergangenheit, die Gegenwart und die Zukunft in einem. Sie erlebte Moses, Jesus und Mohammed. Und da stellte sich ihr auch die Frage, ob diese nicht für all dies stehen, für die Vergangenheit, die Gegenwart und die Zukunft, für das JETZT, für den Vater, den Sohn und den Heiligen Geist, für das Helle und das Dunkle, das Schöne und das Hässliche, für das Sein und Nichtsein. All das war so intensiv in Israel zu spüren. Gott IST all dies und sagt uns damit, dass es keine TRENNUNG davon gibt, er ist ALLES, wir sind es auch! Warme Gedanken durchströmen Ella, sie ist vollkommen ruhig. Ihr Herz wird nicht nur warm und trägt Hoffnung in sich, ihr Herz scheint sich zu erweitern, scheint und in diesem Fall tut es das wirklich, es SCHEINT, es strahlt und fühlt das EINSEIN mit allem was sie umgibt. Sie ist ein Teil von allem was ist.

Ob es die Vögel sind, die in ihrem Garten zwitschern, oder nur die Gedanken an einen Vogel, der für sie Musik macht. Ob es die Bäume sind, die sich wunderbar in den Himmel strecken und uns frischen Atem schenken, oder ob es nur ihre Gedanken an diese Bäume sind. Ob es die Menschen sind, die sich gegenseitig Achtung und Respekt schenken, oder ob es nur die Gedanken an solche Menschen sind. Es spielt keine Rolle, denn Ella fühlt die Nähe Gottes, seine Präsenz ist so stark. Die Gegenwart, die auch als Präsenz bezeichnet wird, zeigt uns, dass GOTT im Hier und JETZT existiert. Und seine Liebe größer ist, als alles war wir Menschen uns mit Worten erklären wollen. Und sie kommt zu Hause an und schaut sich um. Da ist sie wieder, diese Stille, die ihr vorher ein wenig Angst machte, diese Stille ist sehr präsent, sie ist so ergreifend. Ihr steigen Tränen in die Augen, sie schaut auf den Fernseher und er muss sich gar nicht anschalten, denn Gott spricht nun ganz klar mit ihr, er zeigt ihr, wie schön sie es hat. Wie wunderbar all die Menschen sind, die um sie herum sind, Menschen, die sie lieben, und schätzen, die ihr Wesen als ein Geschenk anerkennen. Sie schaut sich um und alles erstrahlt viel schöner, viel größer und bunter. All die Bilder strahlen sie an, die unerledigten Dinge, die sie mit Freude erledigen will, ohne Druck, nein mit Liebe und Freude erwartet sie was sie zu Hause, was sie sich erschaffen hat, all dieses gehört zu ihr, das ist sie. Die Koffer sind auf einmal viel leichter die Treppe nach oben zu tragen. Und das, obwohl sie doch so viele Geschenke von Gott mit im Gepäck hatte. Aber es macht keine Mühe. Sie muss ja die Koffer nicht gleich heute auspacken, es hat keine Eile. Die Hunde freuen sich so sehr und spüren eine Veränderung an ihrem Frauchen. Erschöpft und doch voller Energie legt Ella sich am späten Abend in ihr weiches Bett, streichelt in Gedanken ihrem Mann im Nachbarbett liegend über die Hand und fällt in einen tiefen Traum, der ihr eine wundervolle Zukunft mit ihrer Familie und ihren Kindern zeigt...

...und Gott sprach: ...

Ende

... oder der Beginn von etwas Neuem...

Abwärts
(Fortsetzungserzählung)

Wer nie gelehrt bekam selbständig zu denken, der spürt auch kaum, wenn andere ihn lenken.

Rolf und Adelheid Nüsslein saßen in ihrem Garten und ließen es sich auf der Hollywoodschaukel gut ergehen. Der Frühling hatte sich am ersten April des frühen Sonntagmorgens mit einem wolkenfreien und strahlendblauen Himmel angekündigt und ließ gute Laune verheißen. Für die Jahreszeit war es mit 22 Grad Mittagssonne zwar viel zu warm, aber das störte die Nüssleins nicht wirklich. Anna und Felix, die beiden Kleinkinder spielten fröhlich im überdachten Sandkasten und waren vor den beißenden Sonnenstrahlen gut geschützt. Rolf Nüsslein war geborener Handwerker. Immer wenn es etwas zu werken gab, war er dabei und stellte allerlei Nützliches für Kind und Heim her. So auch der überdachte Sandkasten, der mit einer ausziehbaren Plane ausgestattet wurde, damit die umherstreunenden Katzen den Sandkasten nicht als Katzenklo benutzen konnten. Während Adelheid auf der Hollywoodschaukel im gleichmäßigen Rhythmus Gedanken versunken vom bevorstehenden Sommerurlaub auf der Karibik träumte, spielte der 12jährige Jonathan mit seiner zwei Jahre jüngeren Schwester Helena auf dem Rasen Fußball. Das kindliche Treiben der vier Sprösslinge und das leichte

Schaukeln ließen Rolf in einen leichten Schlaf sinken. Es ging den Nüssleins richtig gut. Rolf hatte als Sozialpädagoge seit mehreren Jahren eine gut dotierte leitende Position einer großen kommunalen Kindertagesstätte in der an ihren Kreis angrenzenden Großstadt inne und Adelheid war eine erfolgreiche Krankenschwester in einem ambulanten Pflegedienst im Ort. Nüssleins waren das was man landläufig eine wohl situierte Mittelschichtsfamilie nennt. Sie mieteten ein altes aber stattliches Bauernhaus im Dorfkern, sie besaßen zwei Autos, mehrere Sparkonten und einen Bausparvertrag mit hoher Auslösung. Des Weiteren sparten sie mit einer Lebensversicherung auf eine gute Rendite hin. Zwei private Rentenversicherungen sollten für das Alter vorsorgen und die Krankenkassenversicherung wurde mit Zusatzbeiträgen für Eventualitäten ausgestattet. Die Kinder durften sich ein jedes derweil an einem eigenen Zimmer mit Ausstattungen wie Fernseher, Computer und allerlei sonstigen Annehmlichkeiten erfreuen, Rolf hatte einen Hobbykeller mit Werkstatt, ein Büro und Adelheid eine Küche mit allerlei Sonderausstattungen sowie ein eigenes Atelier unter dem Dach für ihre Malerei. Der Katze ging es hervorragend und zwei Mal im Jahr fuhr man in den Urlaub. Im Sommer flog man in die Welt hinaus und im Spätherbst fuhr man nach Österreich in die Berge oder an die Nordsee. Für die Wochenenden hatte man sich kürzlich erst einen Wohnwagen auf einem Dauercampingplatz angeschafft. Die vier laufenden Kredite für das neue Familienauto, die Jugendzimmer für die großen Kinder, für den Wohnwagen und für die Hochzeit vor fünf Jahren konnten sich die Nüssleins durchaus leisten, ohne den Cent umdrehen zu müssen. Das Leben war herrlich, die Nüssleins fühlten sich vom Glück geküsst und sie dankten Gott dafür wenigstens einmal im Jahr an Weihnachten mit einem Kirchgang, zumindest der Kinder wegen. Man trank nicht, man hatte keine Laster, man legte sich mit niemandem an, die beiden großen Kinder waren gut in der Schule und die beiden Kleinen waren äußerst beliebt im Kindergarten, ja, und sogar in der Nachbarschaft bekannt für ihre Lebhaftigkeit. Generell wurden die Nüssleins als vor sechs Jahren Zugezogene gut in das Dorfleben aufgenommen. Die Familienmitglieder waren allesamt gern gesehene Gäste auf den Dorfveranstaltungen und wurden auf der Straße freundlich gegrüßt. Gelegentlich wurden sie hin und wieder einmal von den Dorfbewohnern in ein Gespräch verwickelt. Man war halt neugierig und interessiert an den Zugezogenen. Den Nüssleins kam dies nicht ungelegen, denn so war es hinreichend gewährleistet, dass die Familie ein gutes soziales Netzwerk für alle Gelegenheiten stricken konnte. Helena war in der Tanzgruppe des Karnevalvereins. Die Jugendtrainerin neigte dazu, Helena stets in der ersten Reihe tanzen zu lassen. Bei einer der beliebten Karnevalsitzungen durfte sich Helena mit Bravour sogar als Solotänzerin bewähren. Jonathan war im hiesigen Fußballverein in der Jugendmannschaft und machte sich rasch als hervorragender Verteidiger einen Namen. Und Adelheid engagierte sich im Elternbeirat des Kindergartens. Adelheid war durch ihre Tätigkeit im örtlichen Pflegedienst natürlich in vielen Familien und somit im Dorf sehr bekannt und ihr Ruf als gute Krankenschwester eilte ihr stets voraus. Der Pflegedienst konnte sich vor Anfragen nach Schwester Adelheid kaum noch retten. Rolf war als begeisterter Begleiter seines Stiefsohnes Jonathan auf dem sonntäglichen Sportplatz schnell bekannt. Seine offene und kommunikative Ader, die gepaart mit lockeren Sprüchen wie man sie eben so auf dem Fußballplatz von sich gibt, kam gut bei den Leuten an, so dass er schon bald das Angebot vom Sportverein bekam, den Jugendtrainer zu machen. Das ließ sich der pädagogisch geprägte Rolf natürlich nicht zwei Mal sagen und so wurde er recht schnell bei Jung und Alt beliebter und erfolgreicher Jugendtrainer der F- und E-Jugend. Nichts schien die Nüssleins so schnell aus der Bahn werfen zu können. Sie fühlten sich als Begünstigte des Glücks. Obwohl sie genau wussten, dass dies auch schon einmal anders war. Ganz anders.

Es gab durchaus Zeiten des Leids im Vorleben von Adelheid. An diese Zeiten dachte sie wirklich ungern zurück. Aber sie waren nun einmal Bestandteil ihres Lebens und sie wirkten stets in die Gegenwart hinein.

Wenn Rolf abends von der Arbeit kam überfielen ihn seine Kinder voller Freude. Rolf nahm sich stets Zeit für seine Kinder. Und die Kinder schätzten es wenn der Papa mit ihm spielte.

_____

_____

_____

_____

_____

_____

_____

_____

Der Weg

Des Nachts, ich nahm den Mantel und lief raus. Raus auf die Straße, wenn sie am ruhigsten ist. Das Licht der Straßenlampen umgarnt mich als sei ich nichts, doch der Wind bläst mir sein Lied rau ins Ohr. Die Schwerkraft indes ist's, die mich laufen lässt, sonst säße ich noch immer drin und ließe die Zimmerdecke in ihrer Begrenztheit auf mich niederstürzen. Und wie es die Gewohnheit in ihrem Anliegen so bestimmt, zog es mich zu dem Park am Hügel des Stadtrandes, ganz in der Nähe meiner einstig wohlschimmernden Kinderzeit. Auf einer Bank unweit des Fensters besagten zeitverlorenen Ortes beschloss ich wie so oft, ein Weilchen zu rasten. Indes waren es die eisigen Arme der Nacht oder das hypnotische Funkeln der Lichter der Stadt die mich Gedankenversunken gewahr werden ließen, eine Stimme fragen zu hören, ob dies der richtige Weg sei. Um mich blickend, um dem Quell der Worte auf die Spur kommen zu wollen, erblickte ich nichts was darauf schließen ließe, einen Träger dieser Stimme auszumachen. In geduldigem Eifer fragte die Stimme aus dem Nichts wiederholt, ob dies denn der richtige Weg sei. Wahrlich nun, es war weit und breit im Zwielicht der Dunkelheit niemand auszumachen, der mir diese Frage von Angesicht zu Angesicht hätte stellen können. Dennoch war ich von dieser Frage derart befangen, so wie man von etwas in seinen Bann gezogen wird, das seinen Reiz besonders darin ausmacht, sich geschickt als unerklärlich und undurchdringbar darzustellen. Nun also dachte ich bei mir, wie ich eine Wegbeschreibung exakt hätte bestimmen wollen, wenn ich nicht weiß, in welche Richtung es zu gehen hat? Bestochen von dieser Erkenntnis erhob ich mich von der vertrauten Bank, schüttelte mich kurz und ging meines Weges...

Wo ist die Liebe hin?

Es ist so unendlich traurig, wie sehr sich die Liebe verkriecht, vor Angst, verletzt zu werden. Wenn sie aber pocht und leben will, doch die Angst ist so stark und schiebt sie immer wieder zurück in ihr trostloses Loch.

Doch woher all der Gram? Da sind wir ach so bewusst und kriegen es nicht hin, ein einfaches Gefühl einfach nur zu leben, die Liebe zu leben, sie lieben zu lassen. Da war doch schließlich mal was, das war doch mal da. Ich kapiere diesen leidlichen Vorgang nicht, warum das alles so schleichend dahinsiechen musste. Keiner wollte das. Und jetzt? Jetzt sitzt jeder in seiner Ecke und gibt die Schuld dem anderen – wir sind wie Kinder, die mit der Schippe hauen. Wo einstmals Achtung war und froher Sinn, wo Liebe tanzte um uns freudig herum, die ist nun tot und ziemlich stumm.

Ach, Gram, ach, Schmerz, wohin mit all den verschütteten Gefühlen, die so lebendig sind wie einst und doch so ängstlich? Was tun, um all die Freude und all den Sinn nach Gespür wieder heraus zu lassen aus dem Käfig der verkrusteten Muster aus Misstrauen, Angst und Verdruss. Mach auf den Deckel der kochenden Liebe, sie lodert und schreit nach Ausbruch wie ein Vulkan. Es geht nicht, sie zurück zu halten, es strömen die Tränen und mit ihnen hinaus die Perlen des Glücks.

Komm lass uns umkehren und wir zeigen der Lieblosigkeit die kalte Schulter. Sie hat ein Recht auf Leben, unserer Liebe, die einstmals so verheißungsvoll begann und uns den Wunsch nährte einander nah zu sein – schluchz.

Ich kann nicht ohne dich. Ich will nicht ohne dich. Ich kann nur mit dir. Es geht nicht anders. Es ist eingepflanzt wie ein Organ. Wenn du gehst, ist das wie eine Operation und unendlich viel Schmerz. Gib uns einen Ruck. Wir schaffen das, und malen die Blüten wieder an mit unserer Freude, unseren Mut und unserem Vertrauen in die Herzlichkeit der Liebe. Ich weiß es, du kannst auch nicht anders…

Über das Pfurzen

DER MENSCH hat mit allen Säugetieren etwas gemeinsam: Er kann oder er muss pfurzen. Bei den Tieren ist dies ein ganz normaler biologischer Vorgang. Bei den Menschen handelt es sich dabei außerdem um eine gesellschaftliche, soziale, soziologische, psychologische und moralische Problematik.

DER MENSCH: Pfurzt und überlegt was wäre, wenn er nicht gepfurzt hätte.
EGOZENTRIKER: Behauptet, dass niemand besser pfurzen kann als er.
EGOIST: Pfurzt nur wenn er allein ist.
AGGRESSIVER: Pfurzt, dass die Wände zittern.
PHILOSOPH: Pfurzt und überlegt, warum er gepfurzt hat.
RELIGIÖSER: Pfurzt und sagt: "Amen".
POLITIKER: Behauptet, dass man in seiner Partei am besten pfurzen kann.
SPORTLER: Wenn einer einmal pfurzt, pfurzt er auch ein zweites Mal, um der Erste zu sein.
EXTROVERTIERTER: Pfurzt überall voller Inbrunst.
INTROVERTIERTER: Pfurzt in sich hinein.
KAVALIER: Lässt die Dame zuerst pfurzen.
FEMINISTIN: Verlangt das Recht der Frauen auf Pfurzen.
ANSTÄNDIGER: Bevor er pfurzt, bittet er um Erlaubnis.
SPIEBBÜRGER: Pfurzt und schaut seinen Nachbarn vorurteilsvoll an.

SADIST: Pfurzt leise, damit es besser stinkt.

MASOCHIST: Pfurzt und schämt sich.

KONSERVATIVER: Behauptet, dass man damals besser pfurzen konnte als heute.

VORSICHTIGER: Pfurzt nicht, wenn er Durchfall hat.

UNVORSICHTIGER: Pfurzt und scheißt sich in die Hose.

MILITARIST: Steht stramm beim Pfurzen.

MUSIKALISCHER: Pfurzt im Takt der Musik.

GESELLIGER: Pfurzt gerne in Anwesenheit anderer Menschen.

GUTER SCHÜLER: Hört zu, wenn der Lehrer pfurzt.

LÜGNER: Behauptet, dass er noch nie gepfurzt hat.

KABARETIST: Pfurzt und kann darüber den ganzen Abend lachen…

Fazit:

Erste Frage: Welches Tier kann aus seinen Verdauungsbeschwerden eine derartige Vielfalt entwickeln?

Zweite Frage: Welches Schwein vermag sich so schweinisch verhalten wie der Mensch?

Dritte Frage: Wer kann überhaupt so blöd sein und so viele unsinnige Ding schreiben?

Abenteuer Familie

Sagen Sie, - Hand aufs Herz und mal ganz ehrlich - gehören Sie auch nach wie vor zu der völlig überalterten Gattung Mensch, die doch tatsächlich noch der postmodern-altmodischen Fehlansicht anhängen – gar so als ginge es um ihr von übertriebener Individualität geprägtes selbst bestimmtes Leben in zukunftsbeängstigender Einsamkeit – dass eine Familie mitsamt ihren Begleiterscheinungen zur aussterbenden sozialen Kategorie gehöre? Glauben Sie auch ganz fest daran, dass es den idealen Partner nicht gebe aber von einer Single-Party und Internet-Partnerbörse zur anderen rennen, um – ganz nach Saver-Emotion-Manier – nach dem längst verlorenen Traumpartner zu suchen? Oder sind Sie gar der Ansicht, dass Kinder berufliche aber auch private Karriere- bzw. Interessensknicker seien, die nur kacken, schreien, viel Geld kosten und einem den letzten Nerv rauben, um parallel zum öffentlichen Bekenntnis doch heimlich vom genetisch vorgegebenen erfüllten Sinn des Lebens träumen? Sind Sie letztlich auch zeitlich an dem Ort angekommen, wo es mittlerweile leider viel zu spät für die Gründung einer Familie mit süßen, wuselnden Kindern ist und voller Neid mit einem gewissen Grad an gefühlter innerer Kälte und heißen Tränen in den Augen auf die mit liebender Nestwärme und gelebten Widersprüchen erfüllte Gruppendynamik einer irgendwie gearteten Familienform blicken? Oder gehören Sie ausgerechnet zu den bemitleidenswerten Geschöpfen, die ihre eigenen vergangenen traumatischen Familien-Erfahrungen durch verkorkste Eltern nun pseudotherapeutisch an Ihrer eigenen Familie, an den Kindern oder am Partner krampfhaft abzuarbeiten versuchen aber beim Blick in den Spiegel mit Entsetzen feststellen müssen, dass Sie es ja eigentlich selbst sind, die die Unruhe ins eigene Familienleben bringen, dies aber im vertrauten Rahmen der Familie nie zugeben würden? – Au, das schmerzt!

Und wissen Sie was? Sie haben sogar Recht mit Ihrer Sichtweise gegenüber dem Gebilde Familie. All Ihre Bilder, Vermutungen, Annahmen, Einstellungen und Erfahrungen über und von Familie haben ihre Berechtigung. Die gibt es tatsächlich. Die moderne Zeit hat es geschafft, dass es so viele Urteile über das was Familie ist oder sein sollte gibt wie es Menschen gibt. Und das ist auch gut so! Jeder soll schließlich nach seiner Vorstellung glücklich werden. Nur sollte dabei berücksichtigt werden, dass das was ein anderer Mensch für sich als gut im gesellschaftlich-moralischen Kontext empfindet, nicht von einem selbst derart verurteilt werden darf, dass der andere durch diese Ansicht in seinem Lebensentwurf diskreditiert wird. Der Kampf um die einzig wahre Lebensform, über das was ein „richtiges" Zusammenleben ist, ob in Familie, als Single, als lose Partnerschaft etc., ist so alt wie das erste Zusammenleben von

Menschen vor mehr als tausende von Jahren. Stets hatte es Wechsel in den Lebensformen gegeben, mal matriarchalisch, mal patriarchalisch geprägt, mal Singlegeprägt oder ohne Trauschein, mal zusammengesetzt oder homogen, als Großfamilie oder Kleinfamilie und so weiter. Letztlich kommen noch all die ideologisch und politisch geprägten Ansichten hinzu, die jeweils von ihren eigenen Theorien behaupten, die einzig Wahren in diesem Universum zu sein.

Alle Sichtweisen haben ihre Daseinsberechtigung, denn als Fazit ist festzuhalten: Ganz gleich in welcher Lebensform Sie aufwachsen oder welche Sie „gründen" und umsetzen. Sie werden stets mit allen menschlichen Auseinandersetzungen konfrontiert, die jedes Zusammenleben von unterschiedlichen Menschen mit sich bringen – diesem Umstand sozialen Zusammenlebens kann sich niemand entziehen. Sie werden aber auch die jeweiligen Vorteile oder schönen Seiten erleben und für sich nutzbar machen können – wenn sie es wollen. Es macht für die Entwicklung der Menschheit nicht viel Sinn, auf die andere oder fremde Lebensform zu blicken und diese als „falsch" zu deklarieren, während man selbst nicht unfehlbar ist. Soll doch die „Karrierefrau" ihrer beruflichen Karriere nachgehen und – ihrem Wunsch entsprechend – auf Familie und Kinder verzichten, aber bitte ohne auf die Menschen in Familien zu schimpfen. Soll doch die Familienmanagerin, die freiwillig Zuhause Ihre Organisation bewältigt, mit diesem Lebensentwurf glücklich werden, aber bitte ohne die Berufstätigen für ihren Karrierewunsch zu verurteilen. Sollen doch die Doppelverdiener doppelt verdienen und – ihrem Willen gemäß – ihre Kinder in Betreuungsstätten abgeben, aber bitte ohne sich darüber zu beklagen, dass sie die Entwicklung ihrer Kinder nicht mehr verstehen und diejenigen dafür verurteilen, die mehr Zeit für ihre Kinder aufbringen, dafür aber auch auf mehr Geld verzichten. Jeder so wie er es will, aber ohne über den anderen zu meckern!

Wir haben uns dafür entschieden, das klassische Familienmodell zu leben. Dafür, dass wir unsere Partnerschaft auf Toleranz und Auseinandersetzung, auf Streit und Versöhnung aufbauen. Dafür, dass uns unsere Kinder naturgemäß 24 Stunden am Tag in Anspruch nehmen und dafür, dass wir gemeinsam nach gleichberechtigter entlastender Arbeitsteilung suchen. Dafür, dass wir nur ein Verdienst haben und nicht jedem unsinnigen Trend nachrennen und doch viel Geld für das Wohl der Kinder ausgeben. Dafür, dass wir unseren Kindern so lange wie möglich das Joch der institutionalisierten Erziehung ersparen und dafür, dass sie entwicklungsgerecht vom öffentlichen sozialen Anpassungsdruck verschont bleiben und dasjenige für die Gesellschaft notwendige moralische und ethische Verhalten im vertrauten Rahmen unserer Familie erlernen und auseinandersetzen.

Dafür, dass unsere Kinder Nachbarschaftlichkeit erleben und lebensnah ihren Lebensraum erkundschaften können, um die Vielfalt der Umwelt hautnah erfahren zu können. Dafür, dass wir als Eltern von den herzlichen Umarmungen, von den lieben Worten und den hohen Anforderungen profitieren. Alles hat seine Vor- und Nachteile. Wir nehmen alle beide als Entwicklungschance mit in unser familiäres und individuelles Verhaltenskonzept auf. Wir wagen den Spagat zwischen Individualisierung und Anpassung – und das ist durchaus aufregend, wohltuend und vor allem lebendig und spannend!

Haben Sie schon einmal erlebt, wie ein zweijähriges Kind ein hingefallenes sechsjähriges Kind, welches sich vor Schmerz krümmt, in Arm nimmt und zu trösten versucht? Haben Sie schon einmal mit ihrem dreijährigen Sohn Schach gespielt und zu ihm gesagt: „Du musst jetzt springen", woraufhin der Bub aufsteht und zu hüpfen beginnt? Sind Sie schon einmal von einem vierjährigen Kind gefragt worden, was Liebe ist und haben versucht dies zu beantworten? Lieben Sie auch die nächtliche Aufregung, wenn ihr 14jähriger Spross eine Vereinbarung eigenmächtig kippt, spätabends zur festgelegten Zeit nicht Daheim erscheint, sein Handy ausgeschaltet ist, so dass Sie ihn nicht erreichen können und morgens beide völlig übermüdet anfangen über Vereinbarungsbruch zu diskutieren? Oder was halten Sie von der erfrischenden

Situation einer gerade erst begonnenen Auto-fahrt bei der drei Kinder ihre unterschiedlichen Wünsche nach einem Toilettengang, nach Nahrung oder dem Spielbedürfnis lauthals so-wie mit quengelichem Nachdruck äußern? O-der wie finden Sie die herrlich monotonen Si-tuationen in denen Sie ein Kind ca. 38 Mal zum Essen oder zum Zähneputzen rufen, ohne dass Sie das Gefühl haben, erhört zu werden, während Sie in einer anderen Situa-tion das innere Bedürfnis entwickeln, das Kind am liebsten auf den Mond zu schießen, weil der den ganzen Supermarkt wegen eines nicht erhaltenden Lutschers so laut zusam-men schreit und sich dabei auf dem Boden wälzt, dass Sie von nun an zu den im Ort be-kannten Geschöpfen gehören, von denen die ganze Welt denkt, dass Sie ihr(e) Kind(er) nicht im Griff haben. Dafür dürfen Sie sich als glückliche Eltern empfinden, wenn eines ihrer Lieben von ganz alleine die Spülmaschine ausgeräumt hat und Sie schon mit Freuden von den Früchten ihrer Erziehung träumen und bei der Vorbereitung des Frühstückti-sches die verschmutzen Teller vom Vorabend aus dem Schrank holen und dabei noch liebe-voll schmunzeln können…

So oder ähnlich ist das Familienleben. Es ist allemal ein Abenteuer. Man kann in dem Glauben leben, alles vorhersehen oder vo-rausplanen zu können – doch es ist im Ange-sicht vielerlei Interessenslagen, Ausfechtun-gen und Kompromissfindungen chancenlos, das Familienleben im Griff haben zu wollen, allen Ratgeberseminaren und Ratgeberbüchern zum Trotz. Beim Familienleben mit Kindern handelt es sich ein Spontanevent bei dem man auf alles gefasst sein muss, sogar auf feste Regeln oder Ausflugsplanungen mit unvorhersehbarem Ausgang. Es ist in der Tat ein Kraftakt sondergleichen: Freizeit, Erziehung, Netzwerk, Nahrung, Kunst, Selbst, Gesundheit, Rechtsumsetzung, Ökonomie, Ökologie, Glauben, Bildung, Hobby, Interessen, Individualität, Sozialität, Identität, Zeit, Medien, Handwerk, Beziehung, Partnerschaft, Sexualität, Versicherung, Urlaub, Wohnung respektive Haus, Kleidung, Beruf, Trends und weitere Anforderungen und Wünsche aller Art müssen während des Familienlebens verwaltet, organisiert, umgesetzt, abgewehrt, abgewogen, verhandelt, erwirtschaftet werden. Und das alles unentgeltlich und dennoch ökonomisch einfließend in das Bruttosozialprodukt – von den übrigen für die Gesellschaft relevanten reproduktiven Leistungen der Familienarbeit mal ganz zu schweigen. Und doch lassen sich unzählige Menschen auf dieses wirtschafts- und gesellschaftsfördernde System Familie (oder familienähnliche Formen) ein. Familie ist somit neben den semi-professionellen Skills auch als ein ehrenamtliches Engagement zum Wohle der Allgemeinheit zu betrachten.

Wir sollten alle für die Anerkennung der Familienarbeit im Sinne einer Profession als

Familienmanagerin/Familienmanager mitsamt ihrer finanziellen Wertstellung im ökonomischen Wirtschaftssystem plädieren. Wir sollten die Politik auffordern, Eltern in allen Belangen logistisch, finanziell und moralisch zu unterstützen, dass erstens die Familien- und Kinderfeindlichkeit in der Gesellschaft in die Geschichtsbücher verbannt werden und zweitens, Eltern mit ihren wertschöpfenden Leistungen Vorrang vor allen anderen wirtschaftlichen und gesellschaftlichen Gebaren eingeräumt bekommen. Geben wir Familien wieder ihre ganzheitlichen Kompetenzen zurück, dann erhalten wir glückliche Menschen!

Suchen und Finden

In einer unbekannten Welt
musst du dich finden,
gar erfinden,
voller Eifer und Hoffnung,
suchend,
leidvoll,
kämpfend,
um dein Leben.

Und wenn du dein Ende ahnst,
müde,
erschöpft,
leer,
in deinen unruhigen Gedanken,
gibst du dich auf
und gibst dich hin,
dann hast du deine Welt
gefunden.

Worttänzer – Vom Sinn des Lebens

Als Gott mich zur Erde sandte sagte er zu mir: „Geh, und suche nach dem Sinn des Lebens! Wenn du wieder kommst gibst du mir etwas von dieser Erkenntnis ab!" Ich hatte zwar überhaupt keine Ahnung wovon der Herr da sprach, aber ich ging und suchte und suchte und suchte. Ich wollte schon aufgeben, doch dann lief mir zufällig der Bruder von Sinn über den Weg. Er nannte sich Unsinn und wollte mich zu seinem Bruder bringen. Ich jubelte und freute mich darüber dasjenige endlich gefunden zu haben wonach ich suchte. Und so erfüllte sich, was unweigerlich kommen musste:

Der Tag meiner Niederkunft auf Erden war ein denkwürdiger Tag. Ich wurde an Fronleichnam geboren, dem Hochfest des Leibes Christi. Nomen est Omen lautet mein karmagesteuertes Schicksal und ich sollte ein hochwohlgeborenes Kind inmitten einer stinknormalen Kleinbürgerfamilie werden. Ich rümpfte sofort die Nase als mir der frische und beißende Geruch des in der Wohnung umherspukenden Flaschengeistes von Meister Propper in den Atemwegen die Schleimhäute wegzuätzen versuchte. Wahrlich, ich sage euch: ich wäre ja am liebsten wieder zurück gekrochen. Das müssen die fünf bis zehn um mich herumstehenden Familienmitglieder irgendwie gemerkt haben, denn mit einem Male stürzten allesamt gleichzeitig auf mich zu und zerrten an meinen dünnen Schrumpelärmchen, so dass ich mein Leben lang wie der Dschungelbuch-Affenkönig King Louie durch die Gegend hüpfen muss und zogen dabei zusätzlich meinen Hals derart in die Länge, dass ich noch heute das Gefühl habe, als Giraffe auf die Welt gekommen zu sein.

Wie man also unschwer erkennen kann: Als ich geboren war ich dabei. Das ist nicht immer selbstverständlich, dass ich bei elterlichen Angelegenheiten dabei sein durfte. Aber bei meiner Geburt habe ich mich nicht lumpen lassen – da bestand ich darauf, dabei sein zu dürfen. Und siehe da: Ich kann von mir voller Stolz sagen: Ich war dabei!

Gut, also! Als ich geboren wurde schrieb meine Mutter auch prompt Worte an meinen Vater – der bei der Bundeswehr in der Nordsee auf einem Schulschiff Namens Gorch Fock Soldat spielte -, und das in einem Brief: „Das ist ein geborener Traum-Tänzer". Und warum? Na, als ich mein Köpfchen herausstreckte, nickte ich wohlwollend im Rhythmus, der aus den Lautsprechern sanft ertönenden Musik und mein Schrei glitt sanft hinüber in die meditative Instrumentierung der stimmungsvollen Instrumentierung. Also beschloss ich, nicht nur tanzend durchs Leben zu schweben, wobei ich heute gemeinsam mit meiner Frau ein leidenschaftlicher Tänzer bin, sondern ich hielt es – frei zitierend nach Hermann Hesse – pfeifend die Welt an meiner guten Laune teilhaben zu lassen. Doch nicht nur die tonale Pracht der Lebensstimmung brachte traumtänzerische Befriedigung in mein Leben, nein, ich schwinge auch liebend gerne den Pinsel zur farbträchtigen Freude meiner Umwelt. Fernerhin bin ich vernarrt in die multimediale Computerei und wenn ich könnte, würde ich mein Haus zur Steuerung aller ästhetischen Lebensvorgänge mit einer Schaltzentrale ausstatten, die beispielsweise in der Lage wäre von jedem Punkt der Wohnung aus digitale Screens zur Betrachtung eigener Familienfotos mit hervorragender Musikuntermalung oder Filme oder Kommunikationen jeder Art zu initiieren. Multimediale Verzückung von morgens bis abends, im Auto, in der Wanne, beim Arbeiten, Essen, Trinken, Schlafen… Aber die modernen Heim-Computer wie der Commodore C64 oder der Atari sind wahrscheinlich dafür noch zu leistungsschwach. Des Weiteren liegt eine weitere Passion im Schreiben von belletristischen und fachbezogenen Büchern mit dem faszinierenden Schwerpunkten der einerseits humoresken Darstellung von Alltagswidrigkeiten desperierter oder sonstig sozialisierter Einzelwesen oder Gruppierungen und andererseits in deutlich kritischen Tönen gegenüber einer machtbesessenen Elite, die allen Menschen unter sich das Leben gerne zur bürokratischen Hölle machen. Aber nicht allein hierauf liegt das alleinige Augenmerk, sondern ebenso – ganz in der Tradition der klassischen Bücherwürmer – in der texturalen

Gestaltung von Kurzgeschichten und sonstigen Anthologien. In geradezu manischer Manier entwickelte ich mich zu einem Wortmonster, welches sich auf alles stürzt was auch nur im Anflug den Anschein einer grotesken Geschichte in sich birgt. Nun gut, ich war ja nicht nur bei meiner Geburt dabei, sondern auch bei meiner Pubertät, bei meiner Ausbildung, auf meiner Hochzeit, ich war dabei als die Kinder gemacht wurden und ich bin sogar dabei, wenn ich einmal sterben werde. Kurz: Ich bin fast überall dabei was mich selbst betrifft. Es mag ja durchaus sein, dass es kaum ein Ereignis in meinem Leben gibt wo ich nicht dabei bin. Das mutet fast schon ängstlich an – ist es aber nicht, zumindest nicht für mich. Es soll ja Leute geben, die behaupten, ich solle nicht überall meine Nase hineinstecken. Aber Hand aufs Herz: Wer steckt nicht gerne seine Nase in die eigenen Angelegenheiten – das ist schwer zu verbieten – oder? Im Großen und Ganzen ist es ja so: Wir wachsen auf. Werden groß. Machen dies und jenes durch. Erhalten hierdurch unsere Erkenntnisse und geben diese weiter an unsere Kinder. Und die Kinder machen dann wieder ihre eigenen Dinge daraus. Es ist ein nicht zu stoppender ontogenetischer Kreisprozess mit unendlich vielen Erkenntnissen – bei denen ich übrigens auch dabei war – wie beispielsweise:

Wer nie gelehrt bekam selbständig zu denken,

der spürt auch kaum, wenn andere ihn len-
ken.

Oder:

Was der Verstand nicht sieht,
erklärt uns schon unser Herz!

Oder:

Hochmut kommt vor dem Fall,
Demut kommt vor dem Erfolg.
Übermut kommt vor dem Sturz,
Langmut kommt vor dem Erfolg.

Oder:

Wer heute nicht in die Stärkung
von Kindern, Jugendlichen und Familien in-
vestiert,
wird morgen
die ungleich höhere Rechnung
für die Reparatur ihrer Schwächen
begleichen müssen!

Oder:

Jeder Mensch sollte tun was er kann
um das zu können was wer tut!
Kann er nicht was er tut
so gehe er zu einem der weiß wie es geht,
um zu tun was er kann.

Oder:

Das Leben ist wie ein Echo:
Du bist
was du denkst und fühlst!
Das Leben kann dir nur zurückgeben
was du von ihm hältst.

Wenn ich einmal von dieser Welt abtrete werden meine künftigen Kinder hoffentlich von mir sagen können: „Das war ein Worttänzer.“

Licht - Leben - Liebe

Am Anfang war das Licht,
es gab mir reichlich Leben
und lehrte mich die Liebe.
Als ich einstmals war ein Kind,
da fühlte ich mich frei wie Wind,
als ich nach und nach dann wuchs heran,
spürte ich mich wachsen dann und wann,
und als ich groß ward und gar fertig,
stand ich im Dasein wild und wertig.
Nun hat mein Geist zum Ausdruck sich ge-
bracht
und steht im Austausch Tag und Nacht;
ich will ein Leben in Licht und Liebe,
setz' auf Freude, werd' dabei nicht müde.
Ach, schau, da stehen sie schon Schlange,
Sorgen, Trägheit und auch Bange,
wollen mir so gerne geh'n ans Leder,
doch für die lass' ich kein' Feder!
Mein Leben ist mir Schutz und Schild,
ich hab's gut und lächle mild.
Ich lass' mich ganz gewiss beirren nicht,
weiß wo's lang geht hin zum Licht,
zeig' allen mutig Stirn und G'sicht,
allein mein Wille hat Gewicht!
Daher rate ich auch dir,
verzage nicht, vertraue mir,
nimm' dein Herz nun in die Hand,
lebe das was du stets wolltest,
und nicht mehr das was du bloß solltest!
Auf diese Art wirkst du als Licht,
nicht nur für and're, auch für dich,
so zeigst du Wirkung hier im Leben,

bleibst nicht stecken und nicht kleben,
nun bist du frei und voller Liebe,
dein Innerstes zeigt neue Triebe!
Licht, Leben und auch Liebe
bauen mir ein Haus das auf Vertrauen steht,
sie ebnen mir den weiten Weg,
der durch's Universum zu mir selbst mich
trägt!

Computer-Liebe

Auf dem Bildschirm steht:

READY.
RUN
…

Und in der Tat - es erscheint mir noch heute wie ein wunderbarer Traum, aus dem ich zu Beginn des Jahres 1986 am liebsten niemals haette erwachen wollen - erinnere ich mich noch heute gerne an meine erste Begegnung mit dem Commodore C64, gar so, als haette sie sich erst vor ein paar Minuten ereignet:

"Die Einkaufsstrasse in der Stadt ist mir eigentlich vertraut wie meine Westentasche und ich bin soeben im Begriff, ganz all-taeglich, ohne nachzudenken und dement-sprechend automatisiert, diese Strasse ent-lang zu laufen, um mir im Schreibwarenge-schaeft um die Ecke einen neuen Schreib-block fuer meine Mathematikstudien zu be-sorgen. Gedankenversunken in eine mich viel beschaeftigende Wahrscheinlichkeitsformel steuere ich geradezu auf eine rote Fussgaen-gerampel zu, die ich auch prompt voellig kopf-los ueberquere. Noch waehrend ich inmitten der Strassenueberquerung die Unbekannte einer Ableitung zu errechnen versuche, ver-nimmt mein Ohr eine quietschende Stimme aus heiterem Himmel, etwa in der Tonlage des Hohen C (1. Oktave), mit der warnenden

Melodie des Wortes "ACHTUNG...!" Und just in dem Moment, in dem die Schallwellen mein Trommelfell erreichen und diese in meinem Gehirn in fuer mich codierbare Informationen umwandeln, schrecke ich aus meinen Gedanken auf, blicke in Richtung der Schallquelle, und was wird ganz unvermittelt in den schillerndsten Farben auf der Netzhaut meiner Augen registriert...? Das wunderbarste weibliche Wesen, welches sich mir jemals mittels Lichtwellen und der Umsetzung meines Sehnervs in mein Kleinhirn eingepraegt hat! Wahrlich, es hat nicht mehr viel gefehlt und es waere auch das Letzte was ich im Angesicht des Todes noch gewahr werden durfte. Doch wie im Reflex wird mir das heran rauschende Auto gewahr und ich nehme in aller Anstrengung alle "vier" Beine in die Hand, um noch rechtzeitig die andere Strassenseite zu erreichen...

Dort, unter toesendem Hupkonzert und stinkendem Reifenrauch des reagierenden Wagens, heil angekommen, rast mein Herz, aber weniger wegen der gefahrvollen Situation der unbedachten Strassenueberquerung als mehr des Anblickes dieser lieblichen Frau, die, sich sorgenvoll die Haende in ihren Haaren raufend, dort steht und mich fassungslos anstarrt.

'Das Glueck, ist Gott sei Dank, die Unbekannte, die ich verzweifelt gesucht habe', stammle ich noch abgehetzt heraus.

'Das Glueck...?', fragt sie fast vorwurfs-voll, 'um ein Haar waerst du nur noch 'ne ano-nyme Zahl in der Unfallstatistik!'

'Aeh..., ach ja..., eigentlich logisch... Vielen Dank uebrigens. Ich glaube, du hast mir aller Wahrscheinlichkeit nach soeben mein Leben gerettet! Oder habe ich da irgend-eine Variable uebersehen?', frage ich womoeglich weniger witzig erscheinend als voellig aufgeloest vor Aufregung.

'Wahrscheinlich haette wohl jeder so reagiert, der dich dort hat so entlang schluer-fen sehen', meint sie fast lakonisch, 'aber letztlich kommt es halt einfach nur auf die Be-rechenbarkeit einer Situation an; also habe ich zwangslaeufig so reagieren muessen, o-der haette ich dich sonst zu Asphalt platt wa-elzen lassen sollen...?', ergaenzt sie hier eher scherzhaft.

'Aeh..., ich glaube, Asphalt waere ziemlich kalt und koennte sich bei einer solch wundervollen Retterin fuer ihre berechnende Tat wohl kaum bedanken...', stottere ich mehr reflexiv denn ueberlegt heraus..."

'Sag' mal, entweder bist du Verrueckt oder Mathematiker, dass du so geschwollen daher redest', fragt sie mich mit einer Mi-schung von beleidigtem Misstrauen und dem Anschein der Begeisterung.

Lauthals lachend bleibt mir nun nichts weiter uebrig, als ironisch zu gestehen: 'Ph..., so Gott will, bin ich anscheinend von beidem beseelt...'

'Na, das kann ja heiter werden', antwortet sie zukunftsweisend und hat damit wohl eher den Aspekt des Interessanten zum Ausdruck bringen wollen...

Allen Flirtbegeisterten zum Trotz will ich hier nun nicht weiter auf den Fortgang dieser mir schicksalswinkenden Begegnung eingehen. Doch so viel sei gesagt, dass sich dieses Zauberwesen und meine Wenigkeit Tage spaeter zu einem Stell-Dich-Ein (hier noch einmal fuer die Sprachmoderneren unter uns: Rendez-Vouz) bei ihr in der Wohnung treffen.

Und so liegen wir beide in ihrem 13qm kleinen WG-Studentinnenzimmer auf ihrer Boden-Matratze - na klar, man koennte nun sofort allerlei Intimitaeten antizipieren, doch dem ist (zumindest in dieser Erzaehlung!) nicht so - und sie packt zu meiner verwunderlichen Ueberraschung unvermittelt einen unfoermigen grauen Plastik-Kasten mit einem kleinen Kassettenrecorder (plus Kassetten) und allerlei Kabelgewirr aus ihrem Schrank heraus und schliesst diese Teile zu meiner Unkenntnis aneinander und an ihren Fernsehapparat an. Was auch immer meine neue Liebschaft damit bezwecken will, ich begreife nichts, obwohl auf dem Fernsehbildschirm ploetzlich eine Anzeige mit einem blau blinkenden Quadrat auftaucht.

'Hae...?', denke ich bei mir, doch sie laesst sich nicht von meinem zweifelnden Blick beirren und schreibt auf dem Kasten die Zeilen:

10 PRINT "I LOVE YOU", CHR$(115)

(Sie drueckt eine Taste auf der 'RETURN' steht)

20 GOTO 10

und drueckt wiederum die Taste auf der 'RETURN' steht und gibt die Buchstaben RUN in Kombination mit der Taste RETURN ein...

Auf dem Bildschirm erscheint auf blauem Hintergrund und weisser Schrift ploetzlich fortlaufend:

I LOVE YOU
I LOVE YOU
I LOVE YOU
I LOVE YOU
...

'Druecke, wann immer du willst, auf die Taste auf der 'RUN STOP' steht und das Programm haelt an', sagt sie auffordernd zu mir und ich betaetige - endlos suchend - zum ersten Mal in meinem Leben - mit sage und schreibe 21 Jahren - eine Computertaste in der mit einem mal auf dem Bildschirm steht:

BREAK IN 10
READY.

Sie sieht mir die Ueberraschung in meinem Gesicht an und meint - sichtlich erfreut ueber meine staunende Geste - 'jetzt hast du ein Computerprogramm abgebrochen'.

'Hae...? Abgebrochen? Was habe ich da...?', frage ich voellig verunsichert.

'Im Grunde hast du mit diesem Tastendruck ein Computerprogramm bedient', erklaert sie mir laechelnd.

Oh, dieses ueberlegene Laecheln, spuere ich in mir, und ziehe sie kuessend zu mir heran...

'Warte...', weist sie mich ab und gibt folgende Zeilen auf dem Bildschirm ein:

NEW

gefolgt von der RETURN-Taste.

Ein READY. mit blinkendem CURSOR, wie ich mittlerweile erfahren habe, erscheint.

Ich staune, aber begreife was sie wohl gemacht hat: Sie hat ein Programm geloescht; und sie schreibt erneut:

```
10 INPUT "LIEBST DU MICH ?" ;  L$
20 IF L$= "JA" THEN100
30 IF L$= "NEIN" THEN PRINT "TJA, LEI-
DER PECH GEHABT!" : END
100 PRINT"LASS DICH UEBER-
RASCHEN..."
110 FOR I = 1 TO 200 : NEXT
120 PRINT "JA, ICH LIEBE DICH AUCH..." :
GOTO 120
```

Als ich, nachdem sie das Programm wiederum mit RUN und gefolgt von der RE-TURN-Taste startet, das Wort 'JA' hinter dem Fragezeichen eingebe, die Mitteilung "LASS DICH UEBERRASCHEN..." bzw. nach wenigen Sekunden "JA, ICH LIEBE DICH AUCH..." erscheint, zieht sie mich zu sich heran und es geschieht das, was ein Computer anscheinend niemals mit eigenen Worten zu beschreiben in der Lage zu sein vermag...

JA, ICH LIEBE DICH AUCH...
JA, ICH LIEBE DICH AUCH...
JA, ICH LIEBE DICH AUCH...
...

schreibt der Bildschirm ohne Ende...

Die Nacht ist einfach unbeschreiblich: In mir PRINTET und INPUTET es ohne Ende,

RUN und GOTO scheinen meine Lust zu befluegeln und ich vollziehe in Trance all die logischen AlgoRHYTHMEN der wissenschaftlichen Biologie....

Als die Morgensonne des neuen angebrochenen Tages nach einer schier endlos 'alogrithmischen' Nacht ins Fenster hinein scheint und sie - ich weiss noch nicht mal ihren Namen - schon laengst, ohne es mitbekommen zu haben, aufgestanden ist, um anscheinend zur Arbeit aufzubrechen, weiss ich in meiner vormittaegigen Freizeit nichts anderes mit mir anzufangen, als den grauen C64-Kasten samt Laufwerk und Bildschirm zoegerlich einzuschalten, um mich voller Glueckseligkeit, mittels des an der Seite liegenden Benutzerhandbuches, an die Programmierung heranzuwagen und mein erstes B.A.S.I.C.-Programm zu schreiben, in diesem Fall: ein fiktives Fussball-WM-Programm, in dem Marokko in so manchen RND-Anweisungen am Ende Fussballweltmeister ueber die Mongolei wurde (Deutschland wurde uebrigens im Spiel um den dritten Platz mit einem Ergebnis von 1:7 WM-Vierter gegen Brasilien).

Meiner Liebe zu dieser Frau hat dieses Programm-Ergebnis kein Abbruch getan (trotz des lediglich 6. WM-Platzes der italienischen gegen die libysche Fussballmannschaft), im Gegenteil... wir sind noch heute, immer bestrebt, Programme, aber nicht nur Programme, sondern, vielmehr Lyriken mit

Star-Texter V5.0 zu schreiben, die die Menschheit zu begeistern vermoegen, und unter der Adresse www.nuni-news.de dasjenige zu erhalten was ihr Herz begehrt...

So ist es heute noch immer zu bewundern, dass wir beide, trotz anhaltender kurzlebiger "HIPP-ZEIT", nach nunmehr 17 Jahren zusammen sind und gemeinsam neue Lyriken und C64er-Progamme zur Lage der Zeit verfassen.

Was mich und meine Frau der 'Rettung der Strassenueberquerung' so faszinierend zusammenhaelt ist unter anderem das gemeinsame Interesse an C64er-Programmen im Allgemeinen, gerade weil wir gemeinsam aufgewachsen sind in der tradierten Generation der 8-Bit-Programmierung....

Schlicht nach dem Motto:

```
10 PRINT "Weiter so... bis zum Ende der
PC-Welt... ";
20 GOTO 10
```

Der C64 ist im Zuge des (IBM-Kompatiblen) PCs mit all dessen neuen Programmiersprachen von MS-QUICK-BASIC X.X und VISUAL-BASIC X.X vom Aussterben bedroht; das ist uns durchaus bewusst und dennoch halten wir krampfhaft fest an der 8-Bit-Programmierung, weil sie die Einfachheit der Eigenprogrammierung repraesentiert: Es lebe

der C64 mit seiner VC1541II und dem Multi-
monitor
MC 1901!

Wir wuenschen allen C64-Program-
mierern alles Gute und ein Ueberleben ueber
die Zeit...

Das ist es, was ich mir, als ich die
Strasse gedankenversunken an die mathe-
matische Unbekannte innerhalb der Glei-
chung des Lebens ueberquerte, anscheinend
unbewusst wuenschte..., oder...?"

ICH UND DU

Ich und du
Wenn ich nicht ich wäre,
wer wäre ich dann?
Wenn du nicht du wärst,
wer wärst du dann?
Wenn wir nicht wir wären,
wer wären wir dann?
Bin ich du?
Bist du ich?
Bin ich du und wir?
Bist du ich und wir?
Sind wir du und ich?
Sind wir eins?
Ich bin eins.
Du bist eins.
Wir sind zwei.
Ich bin ich.
Du bist du.
Wir sind wir.
So soll es bleiben!

Sinnsuche

Nutze deine spirituell-konstruktive Erkenntnis der göttlichen Aufgabe in dir und segne damit die Welt!

Wenn wir uns auf die Suche nach dem Sinn des Lebens begeben, dann suchen wir meistens in unserer gewohnten Lebensumgebung danach: Wir suchen Sinn in für uns nützlichen materiellen Werten, wir suchen nach abgesicherter Sicherheit im Leben, nach ewiger Dauerhaftigkeit unserer Schaffenswerke und wir sehnen uns letztlich nach einem Glauben, der uns ein Leben nach dem Ableben verspricht, am besten so wie wir es gewohnt sind. Das alles sind Faktoren, die keinen echten Sinn versprechen, denn Dinge gehen kaputt, Sicherheit bröckelt, Dauerhaftigkeit ist vergänglich und das letzte Hemd hat keine Taschen. Tja, da haben wir also einen Sinnkatalog, der uns irgendwie auch nicht so richtig befriedigt auf der Suche nach dem Sinn des Lebens.

Fragen wir uns doch mal ehrlich: Was brauchen wir wirklich zum Leben? Den ganzen Schnickschnack, der alles so hübsch ordentlich verschönert und immer fleißig geputzt und beachtet werden muss, aber ansonsten keine Antworten auf unsere Sinnfragen gibt? All die unendlich vielen Kinderspielsachen, die eins, zwei Mal bespielt werden und nur nach kurzer Zeit keinerlei Beachtung mehr finden, aber die Zimmer verstopfen und den Spielsinn entfremden? Brauchen wir tatsächlich hundert paar Schuhe und Berge voller Klamotten, und jede Saison neue Sachen (abgesehen von Kindern, die wachsen)? Welchen Sinn geben uns volle Klamottenschränke? Benötigen wir das Fernsehen, um die innere Leere zu füllen? Einen Garten, der perfekt gestylt, hübsch, fein und gepflegt glänzt, damit man jede freie Minute sinnentleert die Hecke schneidet und den Rasen auf Millimeter genau auf gleiche Höhe bringt? Wer will schon am Ende seines Lebens sinnentleert einschlafen? Ist es nicht wesentlich sinnvoller, der Sonne entgegentanzend abzuleben?

Wir schaffen uns in dieser Industriewelt unnatürliche Wohn- und Arbeitsstätten aus Stahl, Beton, Glas und Plastik, Nahrung aus Chemie und leben ein unnatürlich getaktetes Leben in einer restriktiven Anpassungsfunktionalität zur Aufrechterhaltung eines auf Kollabierwachstum ausgerichtetes und ansonsten kulturell sinnentleerten Gesellschafts-, Wirtschafts- und Staatssystems.

Wer heute nach alternativem Lebenssinn sucht, der wird in unserem vermeintlich toleranten Freiheitssystem vom Staat und brav angepassten Bürgerdenunzianten ausgegrenzt, diffamiert und verfolgt: Schulpflichtgegner, Kindervorsorgeuntersuchungsgegner, Impfgegner, Wirtschaftskritiker,

Umweltverschmutzungsgegner, Enthüllungs-journalismus, Reformpädagogen, GEZ-Ver-weigerer, Kindergartenablehner, sogenannte Weltverschwörer, Alternative und andere ge-bildete Andersdenkende sind hier nur einige Beispiele verfolgter Spezies der freien Welt.

Die Suche nach dem Sinn des Lebens beginnt grundsätzlich mit der bewussten Wahrnehmung bestehender Verhältnisse. Ganz gleich, ob man diese Verhältnisse als gut oder als kritikwürdig einstuft, entschei-dend bei der Suche nach dem Sinn des Le-bens ist dabei, dass man Zerstörungen, Lü-gen, Manipulationen, Unterdrückungen, und Ausgrenzungen entgegenwirkt und alterna-tive und sinnvolle Formen des Lebens entwi-ckelt und für diese eintritt. Der Sinn des Le-bens besteht nämlich darin, das für ein friedli-ches und wirklich freies Zusammenleben not-wendige Potenzial von Menschen zu fördern, Kooperationsstrukturen zu schaffen, von de-nen alle Talente gegenseitig profitieren und am Ende Menschen wirklich liebevoll mitei-nander umgehen. Hierzu braucht es keine auf einem Herrschaftssystem basierenden Ge-setze, Verordnungen und Reglementierung-en, sondern einzig ein auf einem gesunden Menschenverstand ruhendes Herz für die Aufrechterhaltung der Schöpfung des Lebens zum gegenseitigen Nutzen.

Flow

Es mag nun mal so sein
die Liebe ist so fein
wir haben ein großes Ziel
die Feelings sind so viel;
mag sein, dass wir viel denken
das Leben wird's nun lenken;
wohin wir nun auch geh'n
wir zahl'n diesen Lehn;
was war das ist jetzt da
ich liebte einstmals ja;
wohin ich nun auch will
i'll gonna ride the wind...

Abschied

Einsam ist
wer niemanden hat
auf den er liebevoll
zurückblicken darf,
nicht allein ist
wer voller Sehnsucht
auf die Liebste
warten kann!

Der Nieselregen fällt fast lautlos auf die Straße, ich stehe im unangenehmen feuchten Graupelregen auf der Straße und winke meinen Liebsten nach, die soeben im Auto Richtung Straßenende fahren und ich voller Tränen in den Augen mit ansehen muss, wie die Rücklichter jenes Wagens, in dem meine mir stark ans Herz gewachsene Frau und Kinder sitzen, immer kleiner werden. Meine Hand winkt mechanisch. Ich bin mehr mit meinen aufgewühlten Gefühlen beschäftigt als dass ich noch bewusst wahrnehmen kann wie mir der immer stärker werdende Regen auf die Stirn peitscht oder wie ich meine Hand zum Winken bewege. Ich stehe da, weine in einem Guss mit dem Regen und mir entgleiten die roten Rücklichter immer mehr in der Ferne, bis sie weit hinten in der Straße um die Ecke eines Hauses entschwinden. So stehe ich noch gut eine Minute auf der Straße und hoffe inständig, dass sie noch mal umkehren mögen, weil sie vielleicht etwas vergessen haben könnten, sie alle noch einmal in den Arm nehmen, sie liebkosen, ihre Körper spüren, wie sie zittern, wie sie leben, fröhlich sind und mir mit jeder Faser der Lebendigkeit zeigen wie aufregend und lebenswert das Leben wirklich ist. Ich wische die Tränen mit meinem Handrücken fort, doch der Regen knallt mir hart und kalt auf die Lieder. Plötzlich zucke ich zusammen und hinter mir hupt es. Ich drehe mich um und der Fahrer lächelt mir freundlich entgegen, ich möchte doch bitte zur Seite treten, damit er weiter fahren kann. Ich werde gewahr, dass ich nass und verweint dastehe wie ein kleiner Schuljunge, der nicht weiß ob er nach Hause gehen soll, weil er spürt, dass er dort nur alleine ist und niemand auf ihn wartet. Ich trete zur Seite und entschuldige mich mit meinem Blick bei dem Autofahrer. Für einen Bruchteil einer Sekunde hatte ich gehofft, es sind meine Liebsten, die wirklich noch einmal zurückgekommen sind, weil sie ein Spielzeug für eines dieser liebevollen und quierlichen Kinder vergessen haben könnten. Aber nein. Es sollte nicht sein. Ich lasse das fremde Auto an mir vorbei fahren und schaue auch ihm nach, als ginge es um meine Zukunft, die dort fortfährt. Ich schüttele mich, blicke noch einmal in die nun leere Straße (es scheint mir, als blinke weit hinten an einer Ecke des letzten Hauses der Straße noch einmal das ersehnte Rücklicht zum allerletzten Gruß - doch dies erweist sich als trügerisches Wunschdenken), ich drehe mich um und schlendere langsam in den Hof hinein, um das Hoftor zu schließen. Langsam, Flügel für Flügel schließe ich sanft die Tore, immer in der leisen Hoffnung, ein Motorengeräusch zu hören, welches mir meine Liebsten zurückbringt. Aber es bleibt still. In den Wolken droben brummt ein Flugzeug und ich höre meine einjährige Tochter Anna "Brum-da" rufen und schaue ihr nach wie sie den rechten Zeigefinger in den Himmel hebt, um uns allen zu zeigen wie andächtig schön und belebt der Himmel eigentlich für uns alle ist. Ich hänge die Flügel ein, gehe zum Briefkasten, fische mir dort einen Werbebrief heraus und schließe mechanisch auch das Eingangstor. Der Werbebrief ruft: "Wirf mich weg!" Ich werfe ihn in die Papiertonne und gehe widerwillig die Treppe hinauf in die vor Leere schreiende Wohnung. Die Katze Finda kommt auch die Treppe hinauf gerannt und huscht durch den Flur. Na, wenigstens einer aus der Familie ist mir noch geblieben, denke ich mir und schließe die Wohnungstüre hinter mir zu. Ich höre noch all die Stimmen in den Wänden nachhallen, die vor Minuten noch durch den Äther drangen und die Wohnung mit Leben füllten. Hier singt Helena fröhlich, dort hört Leif noch Musik, John stöhnt über seiner Tasche, unwissend was er alles einpacken soll, Anna ruft „Dida" (Finda) suchend durch die Stube und meine Frau klappert mit den Koffern und Taschen im Flur. Ein hektisches Treiben kündigt die große Fahrt zur Kur an. Ich laufe unruhig in der Wohnung herum und versuche im Erker die Taschen für das Auto zurecht zu stellen. Alle sind irgendwie aufgeregt und wirbeln hin und her. Lautes Rufen paart sich mit Gesang, und Anweisungen meiner Frau an mich und an die Kinder gehen im Trubel unter. Ich stolpere über Puppen, Autos, Taschen und Jacken. Alles muss im Auto verstaut werden. Leif will mir helfen, aber er träumt vor sich hin, weiß nicht so recht was zu tun ist, so dass ich am Ende doch die meisten Taschen selbst aus der Wohnung hinunter ins Auto getragen habe. Anna steht mir ständig im Weg, sie will raus. Helena schafft es nicht, Anna davon abzuhalten, die Treppe hinunter zu gehen. Alle schreien, laufen wild durcheinander und ich schaffe es doch noch irgendwie die Taschen im Kofferraum zu verstauen. Und als dann alle im Wagen saßen, lagen die vorangegangenen Umarmungen schwer gedrängt in Tränen. Abschied tut weh, fällt schwer, egal wann man sich erst wieder zu sehen vermag. Am liebsten würde ich mitfahren, kann aber aus terminlichen Gründen nicht mit und habe es offen gelassen, vielleicht später nach zu kommen. Aber bis dahin muss der Abschied am Auto erst mal durchgestanden werden. Als dann alle weg waren, lag mir die Leere schwer im Magen. Ich mache es so wie Finda, die zum Fressen zuerst an deren Futternapf ging. So musste auch ich mir den trockenen Hals erst einmal mit einem Schluck abgestandenem Kaffee befeuchten, um überhaupt wieder einen klaren Gedanken fassen zu können. So ist das also, wenn niemand mehr da ist, aber noch alle Tassen so dastehen, als würden sie gerade wieder verwendet werden wollen. Ich rühre nichts an, lasse alles so stehen wie es ist und schaue es mir später wieder an. Ich gehe aus der Küche, höre noch die Spülmaschine brummen, die meine Frau kurz vor der Abfahrt noch einge-schaltet hatte, ziehe mich an, hole mir den Schlüssel und beschließ, eine Runde um den Block zu gehen, damit ich nicht in eine Art Leere-Depression verfalle. Erst mal raus aus der Wohnung, frische und feuchte Luft schnappen. Ich komme an einer Telefonzelle vorbei Gedanken versunken im Willen, sie jetzt alle auf dem Handy anrufen zu wollen, ihre lieben Stimmen zu vernehmen und mich am Stimmengewirr zu erquicken. Weitere Ge-danklich dieser Art befallen mich an jeder Ecke voller Erinnerungen an Begebenheiten mit meinen Liebsten. So gestaltet sich der Spaziergang zu einer willkommenen Ab-wechslung, wenn man sich ablenken will von Abschiedsgedanken, um diese mit Erinnerun-gen zu neutralisieren. Daheim angekommen organisiere ich erst einmal die Waschma-schine und räume die Spülmaschine aus. Dann schlendere ich so durch die Zimmer und schaue sie mir einmal in aller Ruhe an. Ich lasse die Blicke schweifen und entdecke Dinge, die ich im Trubel des Alltages noch nie bewusst vernommen habe. Ich lasse noch einmal all die täglichen Stimmen auf mich wir-ken, die in all den Mauern wie Echos zu hören sind. Wie lieblich sie doch klingen…

Was bin ich so froh, wenn sie alle Gott sei Dank in drei Stunden wieder vom Schwimmbad zurückkommen…

Der Versuch
(Eine Fortsetzungserzählung)

Nach einem tiefen Schlaf wird Harry früher als sonst am Morgen aufgeweckt. Ihm ist es als tauche er soeben aus einer anderen Welt auf. Er reibt sich seine brennend verschlafenen Augen und streckt seine Glieder rekelnd in alle Richtungen aus.

'Autsch! Was ist nur mit meinen müden Knochen los?', fragt er sich verwirrt als er jedes einzelne Gelenk schmerzhaft stechen und piksen spürt.

'Verdammt! Es kann doch nicht sein, dass ich mit meinen fünfundvierzig Jahren das Gefühl habe als sei ich schon 75.'

Plötzlich knallt es ihm vor sein geistiges Auge: Ein riesiges, undefinierbares Gebilde schwarzer Masse stürzt über ihn herab. 'Rasch weg!', waren seine letzten Gedanken bevor er schreckerfüllt aufwachte.

'Puh. Noch mal Glück gehabt!', denkt er erschrocken und fühlt wie sein Herz pocht als habe er seit einer Minute keinen Atem mehr geholt.

Harry schüttelt seinen Kopf mit einem kurzen Ruck als wolle er sich einer lästigen Fliege entledigen.

'Was war denn da nur...?'

Das Telefon klingelt im Nachbarzim-
mer. Hastig wirft er seine Bettdecke zur Seite
und springt aus dem Bett wobei ihm wie von
einem Blitz getroffen alle nur erdenklichen
Schmerzen wieder in die Glieder schießen.

'Sag' mal, was ist denn nur los mit mir?'

Als er beim ersten Versuch, sich auf
den Beinen zu halten spürt, wie sie noch nicht
in der Lage sind ihm zu gehorchen, greift er
sich an den Rücken und schleicht in ge-
krümmter Haltung hinüber in sein Wohnzim-
mer. Gerade im Begriff, den Telefonhörer ab-
zunehmen, wiederholt sich das Klingeln nicht
mehr. Wie von einem Reflex geführt hebt er
dennoch den Hörer ab in der neugierigen
Hoffnung doch noch jemanden am anderen
Ende der Leitung zu erreichen. Doch die Lei-
tung lässt nichts anderes hören als das ge-
wohnte Freizeichen. 'Seltsam', denkt er sich
und es kommt ihm vor als würden die Elektro-
nen noch einen letzten Rest dessen transpor-
tieren was von der anderen Seite der Leitung
ursprünglich an ihn herangetragen werden
sollte; ein leises aber sehr tiefes Brummen,
fast schon ein Raunen drängt sich neben dem
grellen Ton des Freizeichens in sein Ohr.
Plötzlich reißt es ab und mit ihm auch das
Freizeichen. Harry schaut den Hörer mit einer
Mischung aus Ärger und Kopf schüttelnder

Verwunderung an und rüttelt ihn in seiner Hand. Das Freizeichen ertönt erneut.

"Hallo?", ruft Harry in die Sprechmuschel in der Erwartung, dass sich vielleicht jetzt jemand am Gegensprechapparat melden würde.

"Ja, kann ja gar nicht!", stellt er fest und legt den Hörer zurück auf die Telefongabel und kratzt sich verlegen am Kopf.

"Erst mal eine Zigarette rauchen." Harry setzt sich auf das Sofa und greift nach der Zigarettenschachtel, um sich umständlich eine Zigarette aus ihr heraus zu holen.

"Ich bin noch nicht ganz wach. Das ist mir heute Morgen schon wieder alles viel zu viel", brummelt er vor sich hin.

"Na, komm schon raus! Du musst ja doch", und mit einem hastigen Ruck zieht er eine Zigarette aus der Schachtel.

"Oh nein. Zerbrochen. Na, das kann ja heiter werden heute", ärgert sich Harry und zieht, diesmal zielgerade, eine neue Zigarette aus der Schachtel.

"Wo ist denn dieses verflixte Feuerzeug?", fragt er sich und sucht den ganzen Tisch nach ihm ab. Unter Papierstapel, Aschenbecher, Teller, Bestecken und

Zeitungsfetzen kramt er irgendwo das Feuerzeug heraus, steckt sich genüsslich die Zigarette an, deren Rauch er mit einem tiefen Zug inhaliert und unter heftigem Husten gleich wieder im Aschenbecher ausdrückt.

'Durst', schreit er in Gedanken und greift nach einem abgestandenen Glas Cola. Nach einem überhasteten Schluck verzieht er sein Gesicht und fragt sich, seit wann denn dieses Glas schon hier auf dem Tisch steht.

"Sag mal, war ich etwa tagelang fort, dass die Cola schmeckt wie eingeschlafene Füße?", fragt er sich.

"Und wie sieht es hier eigentlich aus? Wohne ich eigentlich hier, oder was?" Harry sitzt fassungslos auf dem Sofa und blickt sich im Wohnzimmer um.

"Eigentlich wie immer", stellt er fest. Aber irgendetwas scheint ihm an diesem Morgen anders zu sein als sonst. Er weiß nicht was es ist, aber wie so eine leise Ahnung schöpft er den vagen Verdacht, dass diese Welt heute Morgen nicht die seine ist.

Nach einigen Minuten der Gedankenlosigkeit reißt Harry sich zusammen und steht auf.

"Gott sei Dank. Die Schmerzen lassen nach", freut er sich und geht hinüber ins

Badezimmer, um sich Badewasser in die Wanne einlaufen zu lassen. Der anschließende Blick in den Spiegel lässt ihn jedoch eiskalt erschaudern.

Ist das denn jetzt ein Traum oder stehe ich noch in der Wirklichkeit? Harry schaut sich entsetzt im Bade-Spiegel an. Seine Augen scheinen über Nacht riesengroß geworden zu sein. Seine Nase schien sich auch vergrößert zu haben, tiefe Krater und Hügel waren auf seinen Wangen zu sehen. Was ist denn nur los heute Morgen? „Ich erkenne mich ja selbst nicht mehr", schreit er laut heraus. Die Flecken in seinem Gesicht und die schwarzen Ringe unter seinen Augen, machen ihm zusätzlich Angst und Bange. Wild entschlossen versucht er jetzt heraus zu finden was denn passiert war. Der Schrecken über sein Aussehen, seine fürchterlichen Gliederschmerzen und der fahle Geschmack einer Cola, die schon uralt zu sein schien, ließen in ihm den starken Wunsch erwecken, heraus zu finden, was denn passiert war. Doch er kann sich an nichts mehr erinnern. Er piekt sich in den Oberarm, denn er will sicher gehen, dass er auch wirklich wach ist. Was sollte er im Traum nach der Wirklichkeit forschen? „Autsch, wohl zu fest gekniffen", brummt er. „Ich bin also wach", denkt er und überlegt, ob er vielleicht mal seinen Nachbarn anrufen sollte. Vielleicht hat er ja mitbekommen, was hier geschehen war. Schließlich weiß dieser auch sonst über alles und jeden Bescheid. Auch wenn der neugierige Nachbar immer auswich, wenn man ihn direkt fragte, was es denn Neues im Hause gab. Harry fand längst eine Methode, die es ihm ermöglichte sich mit Herrn Kunze auf eine Ebene zu begeben, um das zu erfahren, was ihn am Meisten interessierte. Dabei interessierte ihn nicht, was die schöne Eva wieder trieb und wen sie alles mit nach Hause brachte, auch wenn sie für alle in diesem Hause das Gesprächsthema Nummer eins zu sein schien. Nein, nein, ihn interessiert grundsätzlich, was in diesem Haus hinter den Kulissen passiert. Herr Kunze hat die Fähigkeit, seine Aufmerksamkeit auf jede Kleinigkeit zu lenken und so nicht nur alles über die schöne Eva zu erfahren, sondern auch über die unheimlichen Dinge, die dieses Haus verbirgt. Aber er war schon alt und ihm war die Tragweite seines Wissens gar nicht bewusst. Für Harry allerdings, wird das Wissen von Herrn Kunze mit jedem Tag wichtiger.

Ach was, weg mit solchen kleinbürgerlichen Gedanken. Sie lenken nur ab von dem was ihn wirklich bewegt. Doch er weiß nicht genau was es ist, aber es macht sich mittlerweile immer mehr bemerkbar, drängt nach außen, will beachtet werden. Es ist sein Selbst, welches hier nach Selbstverwirklichung schreit. Jahrelang hatte Harry sich nie um sich selbst gekümmert. Er hat sich als selbstverständlich hingenommen - Gott gewollt sozusagen. Worüber sollte er auch nachdenken. Alles funktionierte stets so wie er es sich vorgestellt hatte. Aber das mit Eva nebenan lässt ihn irgendwie doch nicht kalt. Sie bohrt sich in seine Gedanken wie ein Presslufthammer in den Straßenbelag. Dabei hämmern seine Kopfschmerzen wieder an die Schädeldecke, als ob alle unbewussten Erinnerungen, die er über die Jahre hinweg aus seinem Bewusstsein ins Reich des Unterbewusstseins verbannt hatte, mit einem einzigen Drang und allen geballten Fäusten an seine Schädeldecke pochen.

Ablenkung war immer schon eines seiner Lieblingsmethoden, die Realität als nicht existent anzuerkennen. Er schnappt sich die Zeitung und liest die Überschrift auf der Titelseite:

Erste pharmazeutische
Menschenversuche!
Ethikkommission untersucht Vorfall

Harry schüttelt sich kurz. Fröstelnd durchzieht es seinen Körper bei dem Gedanken daran, dass er ein Opfer von illegalen und unkontrollierten Menschenversuchen sein könnte. Widerwärtig fährt er mit den Fingern über die Zeitungsoberfläche und versucht zu erfühlen, ob das Geschriebene irgendwie etwas Fassbaren enthalten könnte.

Er legt den Artikel zur Seite, schlürft an seiner Tasse Kaffee und schüttelt zweifelnd den Kopf. Wieder und wieder nimmt er den

Artikel in die Hand. Er versteht nicht sehr viel von dem was er da schwarz auf weiß las. Und doch war er ganz wild auf solche Geschichten. Sie hatten etwas Verbotenes und Spannendes an sich. Verschwörungstheorien, zu mindestens machten sie den Anschein danach. Sie geben ihm das Gefühl von Wissen und Macht. Seine Gedanken schweifen wieder über den gerade gelesenen Inhalt, des vor ihm liegenden Textes. Er versteht nicht wirklich, was der Autor ihm sagen will. Krampfhaft versucht er den Inhalt zu übersetzten, doch er scheitert an seiner inneren Leere, die er just in diesem Moment wieder spürt. Und wieder drängt ihn gnadenlos ins Bewusstsein, dass sein Leben so fad ist. Er liebt zwar das einfache Leben, aber das liegt wohl eher daran, dass er vom Leben selbst nicht viel erwartet. Just in diesem Augenblick schreckt er hoch, als hätte irgendetwas eine Stellschraube in seinem Kopf umgestellt, weigert er sich plötzlich innerlich, sich mit dieser niederschmetternden Erkenntnis zufrieden zu geben und entscheidet sich

Kinderweisheit: Elternmischung

Papa, Mama, warum bin ich eigentlich hier?

Warum? Das weiß ich nicht, wahrscheinlich, weil du gerade bei uns in der Nähe sein willst, oder?

Nein, so meine ich das nicht. Ich meine, warum bin ich hier, auf der Welt?
Ach so, das meinst du. Ja, das ist eine gute Frage. Weil wir dich wollten, würde ich mal sagen.

Und warum wolltet ihr gerade mich? Ihr hattet doch schon vor mir meine beiden Geschwister.

Na, ja, als wir noch ein Kind wollten, da war es ja nicht von vornherein klar, ob es ein Junge, oder ein Mädchen sein wird was da kommen wird, aber wir wollten erst einmal noch ein weiteres Kind. Und dann bist halt du gekommen.

Aber wieso ausgerechnet ich?

Es hätte ja auch ein anderes Kind sein können. Dass das Kind dann du geworden bist, das scheint wohl eher Zufall gewesen zu sein.

Wie? Hätte es auch der doofe Max von nebenan sein können?

Ja und Nein.

Hä?

Schau mal, dass du so aussiehst wie du aussiehst, dass liegt an der Mischung von Mama und Papa. Das kann nicht der Max von nebenan sein, da er die Mischung seiner Mama und seines Papas ist.

Was ist eine Mischung?

Wenn du zwei Farben miteinander auf deinem Farbkasten zusammenrührst, dann bekommst du eine neue Farbe.

Das kenne ich. Rot und gelb gibt doch rosa, glaube ich.

Diese Mischung gibt Orange…

Ja genau! Ich weiß. Blau und gelb ergibt dann grün, oder?

Exakt! Und so ist das mit dem Aussehen auch.

Aber ich bin doch keine Farbe!

Ja, schon, aber trotzdem sind die Kinder eine Mischung von Papa und Mama.

Und warum sieht dann meine Schwester nicht so aus wie ich? Sie ist doch auch eine Elternmischung, oder?

Das Erstaunen

Eines Tages erwachte die Welt und es war kein Erwachsener mehr da. Also gut, dachten die Kinder, dann nehmen wir unser Schicksal halt selbst in die Hand. Sie bauten Schulen aus Blumen und lernten darin was sie wollten, so viel sie wollten und wann sie wollten. Es war ja niemand mehr da, der ihnen vorschrieb wie sie zu lernen hatten. Sie schafften alle Zwänge ab und entschieden selbst wann sie ins Bett gehen, wie lange sie Fernseher schauen konnten, wann sie aufstehen und was sie essen wollen. Sie sagten, dass keiner mehr Tiere essen sollte, da sie ja die Freunde der Kuscheltiere sind. Seitdem nun die Erwachsenen verschwunden waren, stellten die Kinder alles ganz nach ihren Fantasien her und selbst die Zeit blieb stehen, da die Kinder nicht mehr älter wurden.

Und so kam irgendwann einmal ein Raumschiff von einem fernen Planeten herbeigeschwirrt. Die Außerirdischen erzählten, dass dort nur Erwachsene wohnen, die auch nicht älter werden würden, genau wie die Kinder. Allerdings haben die Erwachsenen etwas verloren, dass sie seit vielen Jahren vergeblich versuchen wieder zu finden: Nämlich ihre Kindheit. Und so seien sie auf die Reise gegangen, um nach ihrer verlorenen Vergangenheit zu suchen. Auf der Erde haben sie dann die Kinder entdeckt und hoffen so sehr,

dass die Kinder ihnen etwas von ihrer Unbe-
schwertheit abgeben könnten.

Die Kinder überlegten nicht lange und
verzauberten die Erwachsenen mit ihrer Un-
beschwertheit, ihrem Lachen und ihrer Spon-
taneität. Dabei verrieten Sie den Erwachse-
nen ein Geheimnis: Wenn ihr so bleiben wollt
wie wir, dann müsst ihr aufhören alles besser
wissen zu wollen, alles zu bestimmen, alles zu
berechnen, alles zu hinterfragen, euch zu
streiten und euch nicht mehr einander zu hel-
fen. Viele Dinge, die ihr euch geschaffen habt,
sind aus Ernsthaftigkeit und ohne Freude ge-
schaffen. Also: Lebt das Leben, um des Le-
bens willen und ihr werdet so bleiben wie die
Kinder!

(Frei nach Sophie Nungäßers Traum, 2015)

Lebensweise Aphorismen

Legt dir jemand Steine in den Weg, ebne damit deinen eigenen Weg.

Liebe beherbergt das Bewusstsein, bedingungslos mit Allem zutiefst in einer schöpferischen Weise lichtvoll verbunden zu sein!

Solidarisches Verhalten bezeichnet die Fähigkeit, die eigenen Interessen mit anderen Interessen abzugleichen und in einer Kompromissgemeinschaft zu vertreten!

Perpetuum Mobile: Liebe ist die einzige Energieform, die sich vermehrt, wenn man sie verbraucht und dadurch einen Zustand der unendlichen Selbsterhaltung erzeugt!

Bei der menschlichen Güte handelt es sich um die Fähigkeit, aus einem autonomen, selbstlosen Grunde Gutes im Sinne der Nächstenliebe zu tun.

Verzeihen ist die Fähigkeit, affektive Reaktionen auf die Verletzung durch Andere zu bezwingen und durch empathische Gefühle zu ersetzen!

Wer Vertrauen lebt, der hat die Fähigkeit, seiner Werte und Prinzipien treu und von der Redlichkeit der anderen Menschen bedingungslos überzeugt zu sein!

Ethische Fähigkeiten erwecken Echtheit im Fühlen, Wertschätzung im Verhalten und Verständnis im Denken zum Leben!

Sinn beinhaltet die Fähigkeit, die eigenen Erfahrungen dafür zu nutzen, sie segensreich an andere weiter zu geben!

Der Glaube ist eine hohe Fähigkeit, intuitiv mit den geistigen Wesensarten hinter den Dingen in konstruktivem Kontakt zu stehen!

Achtsamkeit beherbergt die Fähigkeit, die eigene Verwundbarkeit nicht über das Leiden Anderer zu stellen!

Geborgenheit ist ein fester Bestandteil der Fähigkeit, sich einerseits in stürmischen Zeiten in auffangende Hände fallen lassen zu können und andererseits, andere Menschen in ihrem Fallen aufzufangen!

In der Gelassenheit liegt der Kern der Fähigkeit, Ungerechtigkeiten mit einem Lächeln zu begegnen und sie mit freudiger Besonnenheit in Gerechtigkeit zu verwandeln!

Positives Denken ist die Fähigkeit, neugierig danach zu forschen, welche Möglichkeiten es gibt, das Leben als einzigartiges Wunder zu begreifen und als solches zu leben!

Früher hieß es Lebhaft, heute heißt es ADHS. Damals nannte man es Tagträumen, heute heißt es ADS. Wann wurde Kindheit als Krankheit erklärt? Kindheit wurde ab dem Zeitpunkt zu einem pathologischen Begriff erhoben, als Systempädagogen begannen, Erziehung in das Zwangskorsett Qualitätsmanagement zu quetschen!

Bevor du aufgibst, erinnere dich daran, warum du angefangen hast!

Es gibt zwei essentielle Regeln für den Erfolg einer Transformation: 1. Gebe niemals alles Preis von dem was du vorhast.

Erst wenn die Menschheit erkennt, dass sie Erdenbürger im Geiste "liberté, égalité, fraternité" sind, kehrt Freiheit, Gerechtigkeit und Solidarität ein!

Das Sozial-Liberale, erst unter Brandt und dann unter Schmidt, war zur richtigen Zeit am richtigen Ort Ausdruck einer tief empfundenen Aufbruchsstimmung.

Der Rundfunkbeitragsstaatsvertrag ist ein Knebelvertrag, der alle Bürger zwangsweise in Zahlhaft nimmt - und alle Demokraten schauen händereibend zu!

Erwachsene schimpfen auf die Kinder: "Wie konnten wir nur ohne Handys überleben?" Und sie vergessen dabei: Wer hat die Handys bloß erfunden?

Endlich kommen die ersten Flüchtlingskinder in die Grundschule. Während die Eltern bangen, gehen indes die Grundschüler auf sie zu und kommunizieren ohne Angst!

Familiäres Leben mit Kindern ist gekennzeichnet von komplexer Aufgabenbewältigung, multiplen Affektkomponenten und mystischen Anwandlungen.

In den Gesamtschulen heißt mittlerweile modere Pädagogik "Trainingsraumkonzept" und bestraft Störer mit Unterrichtsverweis und Strafarbeit. Schwärzer kann Pädagogik nicht mehr sein...

Vorurteile dienen der Abwehr besserer Einsicht. Denunzianten sind Pragmaten dieser ethisch verwerflichen Unart modernen Bildungsbewusstseins.

Wer Kindheit zunehmend institutionalisiert, muss sich nicht darüber wundern, wenn sich Kinder ihren Eltern gegenüber immer mehr entfremden.

Ist Ihnen aufgefallen, dass Korrespondenzen mit staatlichen Stellen stets eine Atmosphäre der Drohgebärden mit Strafandrohungen beinhaltet?!

Schule hat wieder begonnen und Lehrer lassen gewohnt abschreiben und auswendig lernen. "Und, Kind, was hast du heute gelernt?" "Weiß nicht!"

Es ist unfassbar, dass unschuldige Kinder sterben müssen, weil sie der unkontrollierten Gewalt Erwachsener hilflos ausgeliefert sind!

Deutschland hat zwei Weltkriege mit 90 Millionen Toten verursacht. Wir haben die moralische Pflicht, weltweit verfolgten Menschen zu helfen!

Der Reinigungsdienst im Krankenhaus macht den Bakterien den Garaus. Wenn man ganz genau zuschaut, kann man sie förmlich davon hüpfen sehen.

Spirituelles Energietransformationsgesetz: Die Liebe ist die einzige Energieform auf Erden, die sich bei Gebrauch vervielfacht.

Der Konstruktivist hält sich nicht mit der Frage auf, was nicht geht, sondern er konzentriert seine Gedanken darauf, was möglich ist.

Die Zuwanderung birgt die Chance, die Geburtenrückgänge in Deutschland teilweise auszugleichen und hierdurch die Sozialsysteme zu entlasten.

Wer kennt schon die ultima ratio, bei der Vielfalt an Weltproblemen? Hilfreich ist es, konstruktive Kooperationsstrategien zu entwickeln.

Darf man eigentlich über Dinge sprechen, die nicht political correct sind? Und wie geht die Gesellschaft damit um, die sich tolerant nennt?

Bedenklicher Berufswunsch einer Krankenschwester: "Deswegen bin ich Krankenschwester geworden, um Männer quälen zu können."

Jeder Erdenbürger hat das natürliche Recht, zu leben wo er will! Dafür hat die Weltorganisation die Bedingungen weltweit zu implementieren.

Erstaunlich: Für eine ausgeschriebene Arbeitsstelle muss man zwingend ein QM-Profil mitbringen, für einen Ministerposten ist das nicht nötig.

Im Zuge einer Völkerverständigung erscheint es notwendig ratsam, einen obligatorischen Austauschzivildienst in allen Ländern einzurichten.

Das Gesundheitssystem erkrankt nicht an seinen Funktionen, sondern an mangelnder Mitmenschlichkeit seiner verantwortlichen Protagonisten.

Es ist merkwürdig, dass auf diesem einzigartigen Planeten im Universum Menschen vertrieben werden und andere sie in dieser Not nicht dulden.

Fremdenfeindlichkeit ist ein unreflektierter Ausdruck der Angst vor den eigenen verborgenen Schattenseiten aller autoritärer Charaktere.

Die neue soziale "Vererbungslehre" sieht vor, dass die ältere Generation zunehmend von der jüngeren Generation neue Kulturtechniken erlernt.

Unser Urlaubsmotto für Verdrossene: Wer die Sonne hat im Herzen, wird den Regen leicht verschmerzen!

Der Mensch, der anderen nichts geben will, der muss sich am Ende nicht darüber wundern, wenn er von anderen nichts bekommt.

Wer geben kann, soll geben, bis er nicht mehr geben braucht. Wer nehmen kann, soll nehmen, bis er in der Lage ist, selbst geben zu können.

Wer bejaht, was er eigentlich verneinen möchte, setzt sich leichtfertig der Gefahr aus, seine Selbstbestimmung aus der Hand zu geben.

Will der Mensch friedfertig sein, so kann er dies allein bewerkstelligen durch geistige

Freiheit, achtsame Erdverbundenheit und Herzensgüte.

Glaube ist weniger als eklektisches Meinungsbekenntnis denn als geistiges Erkenntnisprinzip konstruktiver Zuversicht zu verstehen.

Menschen, die sich selbst voller Freude annehmen können, haben die Gabe, anderen Menschen spirituell mit der allerhöchsten Achtung zu begegnen.

Wenn der Mensch nach Zielen strebt, so tut er dies, weil seine Geistigkeit von den höchsten Prinzipien einer vollkommenen Ordnung träumt!

Wer sich bewusst gegen Kinder entscheidet, der entledigt sich radikal seiner natürlichen Verantwortung für den Fortbestand der Menschheit.

Wer bejaht was er eigentlich verneinen möchte, gibt seine Selbstbestimmung leichtfertig aus der Hand.

Wer anderen nichts geben kann, der darf sich am Ende nicht darüber wundern, wenn er von ihnen nichts bekommt.

Wer nicht träumt, hat's Leben versäumt!

Wer nur vom Glück der anderen lebt, hat seine Ziele längst verfehlt!

Wer nicht in der Lage ist über den Tellerrand zu schauen, der ist auch nicht in der Lage, sich zu verändern!

Wer nicht von der Norm abweicht, ist für Entwicklung nicht zugänglich!

Schaue In Den Spiegel, Erkenne Dich Selbst Und Du Wirst Erstaunt Darüber Sein Wie Ähnlich Dir Die Anderen Menschen Sind!

Wer sich entwickeln will, vollzieht nach der folgenden Faustformel seine Entwicklungsschritte:
1. Am Anfang entwickelt sich ein Wunsch.
2. In der Mitte durchschreitet man dessen Durchführung.
3. Am Ende bestaunt man die Erfüllung.

Wer stets Freudenbotschaften in Leichenreden verwandelt, der trägt nicht wirklich zur Entwicklung von Vertrauen in seiner Umgebung bei.

Wer dem Glück hinterher jagt, hat kein Gespür dafür, dass es seit seiner Geburt längst schon existenzieller Bestandteil seiner Lebenswirklichkeit ist!

Wer es schafft, andere Menschen als Spiegel seiner selbst zu betrachten, kann viel über sich in Erfahrung bringen.

Wer sich ständig über andere aufregt, sollte erst einmal darauf schauen, was er selbst alles falsch macht und damit anderen zumutet!

Wer sich um seine Verantwortung drückt, muss sich täglich bei jedem Einschlafen selbst Rechtfertigung darüber ablegen!

Wer heute nicht in gesunde Kinder und Jugendliche investiert, der wird morgen eine wesentlich höhere Zeche für deren Defizite zahlen müssen!

Wer will, dass man ihn liebt, muss selbst Liebe geben!

Wer anderen helfen will, muss sich zuerst selbst helfen können!

Wer wirklich reich sein will, muss schauen welchen inneren Reichtum er veräußern kann!

Gute Eltern sind, wenn sie beide das gleiche Ziel verfolgen und jeder von ihnen dabei einen anderen Weg beschreitet!

Die Pubertät ist eine Phase, in der Eltern noch einmal auf sich selbst zurückgeworfen werden und die eigenen emotionalen und

ethischen Einstellungen aktiv auf den Prüf-
stand gestellt werden!

Was richtig und was falsch ist, ist stets eine
Frage auf welcher Seite man sich befindet!

Was gut ist und was als böse gilt, hängt in ers-
ter Linie davon ab welcher Ideologie man an-
hängt.

Wer immer nur Recht haben will, der braucht
sich über das Unrecht, welches ihm wider-
fährt, nicht zu wundern!

Zukunftsforschung ist die Kunst, sich vorher
zu kratzen bevor es juckt.

Wenn Du nicht ständig dazu lernst, wirst Du
bald nichts mehr bewirken.

Platz für eigene Weisheitsaphorismen:

_____

_____

_____

_____

Das Jammertal

Das Leben ist wie ein Echo:
Du bist der Spiegel dessen
was du denkst und fühlst!
Wenn du stets jammerst,
wird er dich nie verlassen.

Immer mehr Menschen suchen in ihrem Leben nach neuen Wegen zur wirkungsvollen und harmonischen Gestaltung ihrer Selbstverwirklichung. Doch zwischen dem Wunsch nach angenehmen und positiven Lebenserfahrungen und der Alltagswirklichkeit herrscht meist eine tiefe Kluft. Häufig wird schmerzhaft ein Mangel an positiven Lebensaspekten gepaart mit Bedrohungserleben, Ängsten, Stress und vielerlei anderen Einschränkungen und Ärgernissen empfunden, die das persönliche Wohlbefinden und Harmonieerleben bisweilen erheblich reduzieren. Dabei ist die Angebotspalette zur Beschreitung des Weges zur Umsetzung einer positiv und auf Harmonie ausgerichteten Selbstverwirklichung sehr vielfältig und wird oftmals sogar subjektiv als kurzfristig hilfreich erfahren: Ratgeberbücher, Meditationsmusik, Bildungsseminare, Sport- und Entspannungsworkshops, harmonieherstellende Accessoires wie Räucherstäbchen, Tees, Kerzen und vieles mehr aus der „Positiv-Industrie" haben einen Markt der ungesättigten Möglichkeiten geschaffen, der zwar schnelle Abhilfe aus dem Negativerleben verschafft, aber nicht auf langfristig angelegte Einstellungs- und Verhaltensmuster abzielt.

Dabei gibt es ein sehr wirksames therapeutisches Konzept des „Positiven Lebens", welches auf einer einfachen Formel beruht:

Man ist nur deshalb was man ist,
weil man lebt, wie man ist.

Unser ganzes Leben wird von unseren inneren Einstellungen und nach außen gelebten Haltungen beeinflusst, von Positiven und leider viel häufiger noch von Negativen. Wir sind täglich umgeben von negativen Glaubenssätzen, die uns in unserer Beschränktheit bestärken und uns von der Entwicklung unserer positiven und harmonischen Selbstentfaltung abhalten.

Mit diesen negativ ausgerichteten Glaubenssätzen wie z.B. „ich kann das nicht", „warum passiert mir das immer wieder?" und den von dir aufgeschriebenen Sätzen etc. nehmen wir uns selbst das von Geburt an bestehende Recht, selbstbestimmt und erfolgreich zu sein. Die Selbstheilungskräfte in uns sind blockiert und unsere Selbstzerstörungskräfte sind aktiv und laufen auf Hochtour, was sich folgewirksam in vielerlei Symptomen wie Bluthochdruck, Rauchen, Alkoholismus und sonstigen psychosomatischen Krankheitsbildern aber auch neurotischen Erscheinungen wie beispielsweise Besorgtheit, Launen-

haftigkeit oder Deprimiertheit usw. wieder-
spiegelt.

Kennen Sie das? Ein Reizwort ertönt in
den Nachrichten und Sie fangen sofort an zu
schimpfen – auf Gott und die Welt. Sie regen
sich über die Entscheidung des Politikers X
auf oder Sie finden den Einkauf von Fußball-
trainer Y völlig daneben. Kein Wunder, dass
die Welt - oder der Verein - zugrunde geht und
Sie würden natürlich alles anders machen.
Wenn Sie erst mal was zu sagen hätten. Dann
aber! Dann würde alles besser werden. Und
vor allem endlich so wie Sie es gerne möch-
ten. Und das ist selbstredend alles nur richtig.
Die Welt da draußen ist inkompetent und Sie
sind kompetent. Das ist Ihr Weltbild und Ihr
Bluthochdruck steigt auf 150 zu 200.

Und das kennen Sie bestimmt auch:
Sie haben ein Problem und es kreist ständig
in Ihrem Kopfe herum. Es will einfach nicht
aufhören und Sie steigern sich immer mehr in
die sorgenbehafteten Eventualitäten hinein,
die das Problem betreffend alle auftreten
könnten. Dann treffen Sie einen Nachbarn o-
der Bekannten im Supermarkt, im Garten, auf
der Straße oder sonst wo und sie tauschen
sich die üblichen Begrüßungsfloskeln aus.
Ganz plötzlich ist das Problem wieder da und
sie schimpfen und meckern und hacken un-
aufhörlich auf dem Problem sowie auf einem
vermeintlichen Schuldigen herum. Ihr Gegen-
über beginnt plötzlich auch von seinen

Sorgen und Problemen zu sprechen. Und mit einem Male liefern Sie sich gemeinsam mit ihrem Gesprächspartner ein Schimpfgefecht auf höchstem Jammerniveau. Glauben Sie mir. Sie befinden sich mit diesem Verhalten in bester Gesellschaft.

Eine deutsche Lieblingsmentalität ist das Jammern. Der Durchschnittsdeutsche jammert wo er nur kann. Er nutzt jede Gelegenheit, um zu zeigen wie gut er im Jammern ist. Das westgermanische Adjektiv "jämmerlich" ist aller Wahrscheinlichkeit nach lautmalender Herkunft und bezieht seinen Ursprung aus einem Schmerzensruf. Und damit gehen Althochdeutsch und das moderne Hochdeutsch Hand in Hand. Der moderne Deutsche drückt seinen Schmerz über die Welt mit einem breit angelegten Jammern gegenüber seinen Artgenossen aus. Auf der Dorfstraße oder an den Stammtischen ist diese Form der Unterhaltung besonders ausgeprägt. Hier entsteht eine neue Qualität des Jammerns: Der ursprüngliche Schmerzensschrei avanciert zu einem kollektiven Jammergesang und mündet ein ins Rudelheulen des Homo Lupus.

Nun, so wollen wir also zunächst einmal in eine alte preußische Tradition einsteigen und über Gott und die Welt jammern. Was wäre ein Buch über das Jammertal der Deutschen in dem nicht gejammert würde. Das wäre doch wie Regen ohne Tropfen. Und schon sind wir auch beim Lieblingsthema der

Deutschen angelangt, nämlich beim Wetter, und dem haben wir sogar ein ganzes Kapitel gewidmet. Aber glauben Sie bloß nicht, dass das Wetter die einzige Klagemauer der Deutschen ist. Nein, wenn das Gewitter vorübergezogen ist, dann muss der Stress als Prügelknabe herhalten. Egal wen Sie zu welcher Tageszeit auf der Straße antreffen, sie bekommen mit an zu hundert Prozent grenzender Wahrscheinlichkeit die alle guten Argumente im Keim erstickende Antwort zu hören, dass befragte Person sich in Eile befinde, keine Zeit habe oder sich wegen des Einkaufes, wegen der Organisation der Kinder oder sonstigen selbst auferlegten Gründen total im Stress befinde. Nehmen Sie sich einmal eine Minute Zeit und besuchen einen Kindergarten während der Abholzeit der Kinder. Hier erleben Sie Kabinettstückchen des Jammertals oder die Frühimpfung des Stresshormons. Gerade Eltern hört man sich immer wieder darüber beklagen, dass sie keine Zeit haben. Da müssen die Kinder nach dem Kindergarten sofort in den Flötenunterricht gebracht werden. Der ist zwar nur um die Ecke, aber das Kind muss mit dem Auto gefahren werden, weil ja – dem Stresshormon sei Dank – Daheim rasch das Mittagessen zubereitet werden muss (den vorher zu erledigenden Einkauf nicht zu vergessen). Nach dem Flötenunterricht muss dann Zuhause schnell etwas gegessen werden, damit man das Kind in Fußball, zum Reiten oder ins Ballett gefahren werden kann. Das alles muss husch-husch gehen, weil da noch dieser und jener Termin ansteht, den man auf keinen Fall verpassen darf. Mit Kindern habe man es nicht leicht, sie seien der pure Stress, hört man dann die aufgeklärte Welt jammern.

Aber glauben Sie bloß nicht, dass damit das Jammertal erfüllt sei. Nein, speziell im Beruf wird viel gejammert. Da ist der Chef zu streng, die Arbeitsintensität zu hoch, zu wenig Personal, der Verdienst ist zu gering, die Anfahrt ist zu lang, die Freizeit zu knapp, die Kollegen zu viel krank oder man verrichtet eine Tätigkeit, die einem nicht liegt und vieles mehr. Unter diesen Umständen gebärdet sich der Deutsche dann griesgrämig, schlecht gelaunt und unmotiviert. Geschimpft wird dann kräftig auf die Kundschaft. Das glauben Sie nicht? Dann blicken Sie nur mal in die Gesichtszüge von Verkäuferinnen in den großen Kaufhäusern an oder beobachten die Menschen hinter den Schreibtischen von Ämtern, um hier nur zwei Beispiele von vielen zu nennen.

Der moderne Mensch ist mit seinem Leben irgendwie nie so richtig zufrieden. Denn er muss ständig ins Fitness-Center rennen oder in den Verein, Chatten im Internet, dann muss er auf die so genannte After-Work-Party, den Single-Treff, das En-Vogue-Event, auf die Vernissage, zum Date und er will obendrein auf eine bestimmte Fernsehsendung auch nicht verzichten – ach, ja, das

Abenteuerland, das Schwimmbad, die Nachhilfe mit den Kindern sollen auch noch irgendwie mit in die Terminplanung eingebaut werden. In diesem voll strukturierten Freizeitstrudel zum Stressabbau und Selbstverwirklichung für sich selbst und für die Familie oder für die Kinder findet der Mensch dann keine Ruhe und schimpft auf den vermeintlichen Krach des Nachbarn und fühlt sich durch die Fröhlichkeit der spielenden Kinder in seiner Abwehrhaltung gegenüber Familie und Kindern bestätigt. Der Run auf alle Events der Freizeitindustrie schafft keine Zufriedenheit, sondern lässt den modernen Menschen immer mehr über seine Fremdbestimmtheit jammern.

Gejammert wird überall und zu jeder Zeit. Man jammert über sich selbst und sein Körpergewicht, man jammert über die Zustände in der Partnerschaft, dass der andere nicht so sei wie man es gerne möchte, über die Kinder, die ja so anspruchsvoll seien, über den Beruf, der so anstrengend und unbefriedigend sei, über die finanzielle Situation, dass das Geld nie ausreiche, das die Politik so schlecht sei, die Kirchen einen keinen Halt mehr geben würden, über den Nachbarn, der einfach nicht mache was man von ihm verlange, über die Moral, die am verfallen sei, über das Fernsehprogramm, das so schlecht gestaltet sei, über das Jammern, dass es einfach nicht aufhöre.

Das Jammern hat eine lange Tradition. Es wurde schon immer gejammert. Meist dort, wo nicht Selbstbestimmung, sondern Vorschriften und bürokratische Selbstbeschränktheit den Menschen in seiner Selbstentfaltung beschneiden. Wir bauen uns somit negative Glaubenssätze auf, die uns vermeintlich Sicherheit in unserem Wertesystem verschaffen. Das moderne säkulare Glaubenssystem baut auf Fremdabwertung. Die Glaubensdogmen werten andere Menschen ab, um uns das trügerische Gefühl der Selbstaufwertung zu verschaffen. Doch das Meckern und Schimpfen über Gott und die Welt wird zu einem Selbstläufer. Es versperrt uns den Blick auf die schönen Seiten dieser Welt und lenkt ab von den Stärken und inneren Schönheiten des Individuums. All das jammern baut uns nicht auf, sondern macht uns unzufrieden, krank und zieht uns immer mehr hinab ins Tal des Jammers.

Wenn wir uns die einschlägige Ratgeberliteratur anschauen, so finden wir Themen über die richtige Erziehung, über das richtige Körpergewicht, über das richtige Verhalten bei Überforderungen aller Art, über den richtigen Umgang mit Geld, über die richtige Versicherung, über das richtige Schlafen, über die richtige Entspannung, über die richtige Schulwahl der Kinder, über die richtige Unkrautentlaubung, über den richtigen Umgang mit Ihrem Meerschweinchen und und und. Nicht dass wir Gegner dieser

Ratgeberbemühungen wären, nein, im Gegenteil, wir finden es geradezu erstaunenswert, wie vielfältig der Bedarf an Heilungsmethoden ist. Was unserer Meinung hier noch fehlt ist der Ratgeber über die Überwindung des Jammertals mittels positiven Denkens. Aber keine Angst: Auch darüber werden sich die Jammergeister das Mundwerk schon zerreißen.

Die Deutschen jammern eben gerne über alles und jeden. Es gibt nichts worüber der Deutsche nicht jammert. Egal worüber man den Deutschen befragt, alles wird mit deutscher Gründlichkeit und kollektiv schlecht geredet – man befindet sich halt in guter Gesellschaft. Wenn etwas gut gelaufen ist, dann wird hektisch nach Gründen gesucht, wo es nicht geklappt haben könnte und schon hat der Deutsche den guten Konjunktiv in üblen Realismus heruntergeredet: Und wenn was nicht klappt, dann sind meist die anderen Schuld: Die Technik, die Hersteller, der Nachbar, die Lehrer, die Politiker usw. Der Deutsche ist so: Erst die gute Nachricht, dann die Schlechte. Denn über das Schlechte kann sich der Deutsche viel ausgiebiger auslassen als über das Gute. Die positiven Nachrichten im Dritten Hessischen Fernsehprogramm der Neunziger Jahre um 18.00 Uhr haben gerade mal knapp ein Jahr lang den Äther durchlaufen; das alles war nicht spektakulär genug. Danach konnten wir Deutsche endlich wieder der Katastrophen des Alltags frönen.

Zum Glück finden wir ständig etwas zum Frotzeln. Würde die Charaktereigenschaft des Deutschen nicht auf Jammern beruhen, dann hätten wir alle nichts zu Jammern.

Und hier wollen wir mal eine Breche für all die Geplagten schlagen, die wirklich mit dem Jammern aufhören wollen. Denn positives Denken ist nicht nur eine flüchtige Modeerscheinung, sondern eine positive Grundhaltung dem Leben gegenüber, es ist eine Geisteshaltung zur Steigerung Ihrer Gesundheit und Selbstverwirklichung. Schließlich strebt der Mensch, sogar der Deutsche, tief in seinem Inneren nach Harmonie und Selbstentfaltung, man muss ihm nur den Weg dorthin erklären. Hierin liegt ein konstruktiver Entwicklungsprozess, der durch die Überwindung des ständigen Gejammers in Fluss kommt und gestärkt werden will: Ganz nach dem Motto: Nix wie raus aus dem Jammertal!

Pfingsten = Gegenseitiges Verstehen?

Als der Heilige Geist vom Himmel auf die Erde hinabstieg und die Menschen berührte, sprachen alle Menschen eine gemeinsame Sprache und bekräftigen ihr Bekenntnis zu Gott – so der Kerngedanke von Pfingsten. Die Idee, dass Gott die Menschen einander verstehen lassen möchte ist so alt wie die Sehnsucht der Menschen nach gegenseitigem Verständnis und Frieden. Immer wieder gibt es Bemühungen der Menschheit, sich auf eine Formel der Verständigung festzulegen. Die Entwicklung der Menschheit zeigt dies deutlich beispielsweise in den Vereinfachungen der Sprache oder in der Öffnung der Grenzen und Vereinigungen der Wirtschaftszonen oder gar in der Manifestierung der UNO. Es ist ein langer und schmerzvoller Prozess von der Sippenordnung der Frühzeitmenschen und ihrer ersten Zusammenrottung als Agrarkultur bis zu den heutigen Menschenrechtsgedanken rund um den Globus.

Der Pfingstgedanke ist gar nicht so antiquiert, wie wir vermuten. Denn die Menschheit benötigt zum Selbsterhalt die Kultur des gegenseitigen Respekts, Verständnis und Solidarität. Wir Menschen auf diesem Planeten kommen nicht umhin, einander näher zu rücken und zu erkennen, dass wir alle in unseren gesamten Unterschiedlichkeiten eines gemeinsam haben: Das Überleben auf diesem Planeten: Denn Hunger, Durst, Neugier, Lust,

Freude hat ein jeder von uns und die Befriedigung aller Grundbedürfnisse ist ein Grundrecht jedes Menschen auf diesem Planeten. Die Bewerkstelligung des Überlebens der Menschheit liegt darin begründet, solidarische Lösungen für alle Probleme auf dieser Welt zu suchen, zu finden und umzusetzen, frei von persönlichen oder nationalen Eitelkeiten. Die gemeinsame Sprache aller Menschen ist daher nicht an Wortlaute gebunden, sondern einzig an die Herzensgüte, und diese Sehnsucht begleitet alle sieben Milliarden Menschen auf der Erde.

Wer Pfingsten lebt, trägt ein Stück zum Überleben unserer Menschheitskultur bei. Und bei allem Übel, das uns täglich widerfahren mag, lohnt es sich erstrecht aufgrund der wunderbaren Natur dieses Planeten, dem Übel mit lichtvollen Gedanken ein wenig mehr den Stachel zu entschärfen. Fängt am besten ein jeder bei sich selbst an und er frage sich: Was trage ich dazu bei, dass ich die anderen Menschen besser verstehen lerne?

LIEBE ELFE TANZE!

LIEBE ELFE TANZE!
TANZ DICH FREI,
WERDE,
SEI!
MÖGEN ROSEN DICH BEGLEITEN
DOCH BEI WEITEM....
LEBE UND SEI FREI!
VON LICHT UMHÜLLT, MANCHMAL VON
DUNKELN GEFÜLLT
TAUSCHEN
LAUSCHEN
EIN RAUSCHEN
LACHEN UND
WEINEN
STERBEN UND GEHN
WERDEN UND WEHN
IM LICHT MIT ROSEN TANZEN
ELFE, TANZ DICH FREI!

Unwetter

Wussten Sie schon, dass es sich bei dem Begriff Unwetter um Regen ohne Tropfen handelt? Wie, das wussten Sie noch nicht? Na, dann will ich Ihnen das mal erklären: Die unerschrockenen Wetterfrösche erfinden unermüdlich neue superlativ geprägte Unworte, um uns ungutes Wetter auf unlangweilige und drastisch dramatische Weise zu unterbreiten. Denn „es regnet" klingt irgendwie unspektakulär, unwichtig, ja, unwitzigerweise ziemlich uncool, in etwa so, als wolle man sich dafür entschuldigen, dass die Tropfen untrocken sind. Das will aus lauter Uninteresse niemand wissen. Also muss ein dramaturgischer Hinhörer her: Jeder noch so wetterunvorgebildet Unwissende weiß doch inzwischen, dass bei Regen nicht nur Wassertropfen vom Himmel fallen, sondern, dass es sich hierbei um ein unwetterartiges Gewitter handelt, bei dem unvorhergesehene Blitze unberechenbar in unwegsames Gelände preschen, bei dem es unweigerlich krachen muss, dass oberkrasse Unfälle unvorhergesehen passieren können, Autos unaerodynamisch sowie ungeordnet durch die Lüfte fliegen und Menschen bei all dem katastrophalen Unheil nicht unversehrt bleiben. Beim Wetter handelt es sich nicht mehr schlicht und ergreifend um ein Naturereignis, welches man erleben oder gar als lebendig erfahrbar genießen kann, nein, es ist ein unpositives Megaevent mit unschlagbar sensationsgarantiertem   Unterhaltungswert zur Bedienung unniveauvoller Instinkte. Sehen Sie, jetzt wissen Sie, dass es sich bei einem Unwetter um Regen ohne Tropfen handelt, da es hierbei gar nicht mehr unüblicherweise vordergründig um die Naturerfahrung, sondern vielmehr um eine geschürte Informationsgier mit garantiertem Sensationseffekt geht – unfassbar, oder?

Weinen

Gib dich nicht auf,
wenn du deine Wahrheit dartust!
Überfordere dich nicht... sei so wie du bist...
lebe in Frieden mit GOTT...
und halte Frieden
mit
deiner Seele ...
selbst mit den zerronnenen Träumen,
denn die Welt ist immer noch schön!

Und so geh' DEINEN WEG...

Der Computerfreak

Ich habe einen Freund, der liebt diese neue, aufkommende Technik namens Computer. Ich sehe und staune nur noch überrascht, welch Potenzial sich hier auftut. Schauen wir einmal mit Staunen, auf diesen Computerfreak:

Ich heiße Michael. Ich komme mir manchmal vor wie ein gefallener Erzengel. Alle nennen mich Michi – klingt rationaler, geht schneller im Rufen und alle versprechen sich einen größeren Zeitgewinn von der Namenskürzung, gar so als würde ich auch schneller reagieren, nur weil zwei Buchstaben früher der Schall in meinen Ohren ankommt. Ich stehe mitten im Leben, bin ledig und übe meinen Beruf mehr oder weniger gerne aus. Am liebsten bin ich daheim und bastle an meinen Computern herum. Da kann mir keiner reinreden, da kann ich walten und schalten wie ich will. Ich bin ein Desperado. Mir kann niemand etwas. Ich lebe von all den Annehmlichkeiten der Zivilisation und kritisiere sie gleichsam als menschenfeindliche Umgebung. Ich kann durch meine Einsamkeit etwas tun was andere nicht können: Ich kann gleichzeitig Ja und Nein sagen. Ich befinde mich sozusagen geistig gleichzeitig an zwei Orten. Das muss mir erst einmal jemand nachmachen. Aber eigentlich wollte ich mal wieder das tun was ich am besten kann: Mich über alles und jeden beschweren und dabei mein Leben selbst beweihräuchern.

Und so sitze ich wieder einmal zum tausendsten Male hier vor meinem Computer – welch Wunder: Er funktioniert tatsächlich nach all meiner Bastelei! – und versuche nun meine Gedanken zu ordnen. Gar nicht so einfach angesichts der Tatsache, dass diese Welt voller Verlockungen ist – Computer hier, Computer da, kaufen, kaufen, kaufen, mehr, mehr, mehr, schneller, schneller, schneller, teuer, teurer, am teuersten -. Ich weiß bald nicht mehr wohin mit meinem Konsum- und Wissensdurst. Ich kenne diese verdammte Computerei mittlerweile in und auswendig. Mein Wissen ist erschöpft mit diesen alten Dingern (386er, 486er, 586er), ich will mehr, mehr, mehr, mehr. Ich will Pentium I, II, III, Overdrive, AMD-Superschnell. Ich will endlich wissen wie diese verdammten Computer funktionieren! Und je mehr ich mich in die Hardware-Materie einlese und mich durch die praktischen Übungen der Basteleien hineinversetzte, desto mehr will ich wissen. Es ist ein Kreislauf ohne Ende. Nicht, dass ich dafür unendlich viel Geld ausgeben möchte – das ist noch nicht einmal das Thema -, das könnte ich allein meines beschränkten Budgets noch nicht einmal, nein, es ist viel mehr, dass ich mehr, unendlich viel mehr über die grundsätzliche Funktionsweise des Computers erfahren möchte (dazu reicht mir auch der billige Flohmarkt und seine Ressourcen). Es ist viel mehr die Tatsache, dass ich mit den alten Techniken nicht mehr zufrieden bin. Ich will auf dem Laufenden der technischen Entwicklung sein. Ich will dabei sein, ich will wissen wie das alles funktioniert. Ich würde am liebsten dabei sein, wenn all die klugen Köpfe eine neue Computergeneration entwickeln. Ich wäre so gerne dabei, wenn neue technische Errungenschaften entwickelt werden. Ich will nicht einfach nur alte Hardware kaufen und ausprobieren, nein ich würde so gerne den neusten Stand der Computerentwicklung mitgestalten. Das ewige herumprobieren mit alter Technik befriedigt mich nicht mehr – ich würde so gerne mitentwickeln. Aber dafür fehlt mir das nötige Diplom. Und ich habe nicht mehr die Kraft Informatik oder Elektrotechnik zu studieren. Ich bin zu alt, ich bin zu enttäuscht vom bisher studierten, bin desillusioniert vom Zeitgeist; ich mag nicht mehr. Lieber konzentriere ich meine Energien auf das private Erlebnis der Computerei, mit der Fantasie, dass wir nun im Jahre 1999, kurz vor dem Jahreswechsel zum 3. Jahrtausend stehend, die 6. Generation der Computerentwicklung nutzend von folgendem Szenario träumen: Die Techniker haben einen sozial intelligenten Computer so weit entwickelt, dass stets weiß, welche Bedürfnisse der Mensch in einem bestimmten Haushalt zu befriedigen wissen will: Es sind alle Nahrungsmittel im Kühlschrank durch gezielte, computergesteuerte Bestandsprüfung per automatischer Bestellung via Internet vorhanden, ohne dass ich mich jemals wieder mit dem Einkauf beschäftigen müsste; ferner werde ich automatisch morgens zu einer bestimmten Zeit geweckt, mittels abendlicher mündlicher Äußerung, dass ich zu einer bestimmten Zeit geweckt werden möchte; der Kaffee ist nach meiner Dusche schon fertig und das Frühstück schon gerichtet. Eine detaillierte Tagesplanung weist mich auf all meine heutigen beruflichen und privaten Termine hin und so weiter.

Na, ja, Träume sind Schäume, das wussten auch die Utopisten um George Orwell und Aldous Huxley. Nichts desto trotz will ich weiter machen im privaten Sektor und muss mich dennoch ab demnächst meiner neuen beruflichen Aufgabenstellung als leitender Lehrer widmen. Ich bin ja in der Tat gespannt darauf was mir die neuen Aufgaben so bringen werden, wie sie mich in meinem Bewusstsein weiterbringen wird. Letztendlich kann ich mich – trotz allem Schimpfen auf die Pädagogik – nicht von ihr lösen. Ich bin nun mal Pädagoge aus Leib und Seele, bin aber gleichsam Techniker ebenso aus Leib und Seele. Was mit aller Wahrscheinlichkeit fehlt ist die Kombination aus Pädagogik und Technik. Ich komme immer mehr zu dem Schluss, dass ich weder reiner Pädagoge noch reiner Techniker bin, ich bin sehr wahrscheinlich eine Mischung aus beidem: ich bin sozusagen technischer Pädagoge oder anders herum ausgedrückt pädagogischer Techniker: Eben ein Mensch mit Hang zu beidem – wie auch immer, es gibt leider keinen Job namens „Technischer Pädagoge", „Pädagogischer Techniker" oder „Technagoge": Dies sind Jobs der Zukunft, die dann florieren werden, wenn ich schon in Rente bin. Dann wird es diesen Ausbildungszweig geben, ob auf beruflicher oder akademischer Ebene, aber es wird ihn geben, da es nicht länger so weiter gehen kann, dass die Menschen der Technik hilflos ausgesetzt sind. Es wird Pädagogen geben müssen, die den Menschen da draußen beibringen, wie die Computerei und die technischen Errungenschaften im Allgemeinen funktionieren. Ich scheine da ja einer der ersten Vordenker dieser Art zu sein. Aber niemand wird sich an mich erinnern, da in ein paar Jahren andere „kluge Köpfe" ebenso diese Idee haben werden, die sie allerdings aufgrund ihrer finanziellen Mittel werbewirkamer umsetzen können als ich: 'Public-Relation' heißt hier das neokapitalistische Zauberwort, wovon ich heute noch traumhafte Nächte durchstehen muss… Ich habe zwar unzählige Ideen aber kein Geld – andere Leute haben zwar hunderttausende D-Mark aber keine Ideen; und eben gerade diese Leute mit Geld setzen die Ideen ärmerer Zeitgenossen skrupellos um – das ist der wahre Zeitgeist hiesiger Gerechtigkeit: Der Reiche bereichert sich an den Ideen des Armen. Kein Wunder, wenn man irgendwann einmal keine Lust mehr hat, diese arroganten Politiker zu wählen. Ich weiß, ich bin gehässig, aber angesichts der Tatsache, dass mein Ego durch diese ungerechte Marktwirtschaft in die Enge getrieben wird, kommen mir solche Gedanken… Was soll ich machen? Niemand gibt mir eine schlüssige Antwort auf all diese quälenden Fragen. Nenne mir einer nur eine logische, in sich schlüssige Argumentation gegen diese verlogene, korrupte und alternativlose Marktwirtschaft und ich werde ein begeisterter Anhänger dieser Weisheit… Aber ich weiß auch, dass es sie nicht gibt: Die Antwort auf all die ungelösten Probleme dieser Welt. Wir sind verloren und auf ewig verdammt, auf ewig abhängig von den Mächtigen dieser Welt und all diesen Idioten um uns herum, die auch noch unwissend diese scheinheiligen und korrupten Ignoranten, namens Politiker, wählen, in der untrügerischen Hoffnung auf Erlösung: Arme Irre – Verlogene, verlorene Realität. Wohin wird uns all diese zum Himmel schreiende Ungerechtigkeit noch führen? Zu noch mehr finanziellen Ausgaben, nur um noch mehr zu „haben", damit wir das unstillbare Gefühl produzieren können um jeden Preis „dabei zu sein"? Sind wir nicht eigentlich unendlich arm an konstruktivem Geist in diesem neokapitalistischen Geist? Ja, wir sind arm an Geist. Der Geist in seiner immateriellen Qualität an und für sich bleibt einigen wenigen Bildungsbürgertumprivilegierten vorbehalten wie z.B. Marcel Reich-Ranicki ausgedrückt in seinem Buch „Mein Leben" oder so manch anderem geistreichen Schriftsteller/innen wie Stefan Zweig in seiner Autobiographie „Die Welt von gestern" oder Albert Lorenz in seinem Roman „Wenn der Vater mit dem Sohne..." oder gar der nachkriegsdeutschen Schriftstellerin Luise Rinser mit ihrem Zeitgeistroman „Nina". All jenen geistreichen Menschen und den hier nicht genannten Intellektuellen ist es vergönnt, den Geist zu prägen, sprechen zu lassen, ja, sogar Gestalt werden zu lassen. Einfache Leute aus dem Alltag werden diesen Geist niemals zu spüren bekommen, so sehr wir uns auch bemühen, so sehr wir auch praktizieren, beten oder sonstigen religiösen Praktiken verfallen werden, wir werden nicht das Licht der Erleuchteten zu sehen bekommen – so sehr wir uns auch alltäglich darum bemühen, abmühen, uns kasteien und noch so sehr bitten um die Gunst der Erleuchtung: Wir Mittelmäßigen sind Kinder der Sklaven: Gestehen wir es uns endlich ein. Nur so werden wir erlöst von der Schmach der Demütigung durch höhergestellte Wesen dieser Welt wie sie da kreuchen und fleuchen in den Hochglanzetagen der Banken, die die Finger am Drücker haben. Warum also lügen wir uns täglich mit all unseren kleingeistigen Ausflüchten und Besserwissereien etwas vor? Nur um unser Gewissen zu erleichtern? Nur um uns vorzumachen, dass wir bessere Menschen seien? Pustekuchen! Wir sind trotz all der Religionen, Ideologien, Bildungsaufklärung und vermeintlichen Gedankenfreiheiten doch nur Sklaven der Kapitalisten – wir sind am Ende sogar nichts weiter als die Asche im Wind, die niemand mehr wahrnimmt.... Gestehen wir uns diese

Erkenntnis ein, dann brauchen wir nicht mehr zu bangen und zu hoffen, dann sind wir wahrhaft frei von all den Zwängen dieser verlogenen Konventionen! Nur dann!

Ist das nicht alles nicht ernüchternd? Ist das alles nicht ein Grund mehr dafür, die Dinge in die Hand zu nehmen und aktiv teilzuhaben am Prozess der Veränderung. Ja klar, wie gerne würde ich all diese politischen Idioten auf den Mond schießen, damit endlich diese Welt frei wird von falsch geforderter Leistung, frei wird von Korruption, frei wird von gegenseitigem Misstrauen, frei wird von all den kapitalistischen Zwängen und erfüllt wird mit den Träumen aller Menschen, mit den Sehnsüchten all derjenigen, die noch einen Traum zu leben wagen, nämlich den, so zu leben wie es einem gefällt, ohne den Nächsten damit zu schädigen… Utopie, nennen es die Realisten, aber sie haben schon versagt im Angesicht all der Wünsche, Hoffnungen und Bestrebungen der Menschen, die es noch wagen, ihre Ideale zu äußern! Am Ende wird die Gerechtigkeit vielleicht doch noch siegen, sie wird triumphieren gegenüber all der Verlogenheit, da es sich am Ende nicht lohnen wird „Schwarze Konten" zu führen, vorbei an der so genannten „blöden" Öffentlichkeit. Die Wahrheit wird siegen. Aber nicht die buddhistische, nicht die christliche, nicht die islamische und sonstige religiöse Weisheit oder politische Ideologie, sondern die eklektische Weisheit aller historisch-menschlichen

Wahrheiten zusammen: Die leibhaftige Liebe untereinander.

Also Leute, auf zum Trödelmarkt – es kann nur „aufgerüstet" werden, denn the show must go on!

Mein Motto

Ich liebe alle Menschen,
dass kann sich fast ein jeder denken.

Ich drehe mich im Kreise
auf meiner großen Reise.

Jetzt frage ich mich ehrlich und frei,
wie mache ich mich hierbei denn rein?

Gedanken stehen und gehen
und ihr wollt es auch noch sehen.
Auch meine Werte kommen und gehen –
- STOP- bleibet doch stehen!

Ein Funken nur, ein kleines Licht,
aber ich fühle, wie es die Dunkelheit durch-
bricht.
Liebe, Hoffnung, Glaube…
Oh nein – ich mache mich nicht aus dem
Staube!

Ich bleibe, so viel Zeit muss sein.
Und meine Kraft muss auch noch rein.

Nun lieg ich im Gras und träume dahin –
Was denkst du? – etwa, das ich spinn?
Es ist mir egal – ich fühle doch den Strahl.

Ich akzeptiere wie du bist,
und denke, dass es auch gut für mich ist.

Die Freiheit lieb ich,

kaum zu glauben,
wollt' ich mich doch selbst erst noch berau-
ben.

So hüpfe ich durchs Leben,
mit Geben und mit Nehmen.
Das ist doch sicher nicht verkehrt?
- Oh nein, es hat seinen Wert.

Ihr könnt es euch wohl denken,
meine Liebe lässt sich nicht mehr beschrän-
ken.

Nun will ich es euch verraten,
was? Das dürft ihr nun raten.
Mein Motto, mein Sinn –
Wo denkt ihr hin?

ICH TRÄUME MEIN LEBEN
UND LEBE MEINEN TAUM…

Nur Gott spricht ganz leise
und sagt, ich sei Weise!

Unruhe

„Es konnte nicht sein, dass es für Menschen im Lebensalter zwischen 55 bis 70 Jahren weit und breit keine kirchlichen Angebote gab, obwohl diese Menschen geistig, körperlich und interessensmäßig noch voll auf der Höhe sind.", waren die Leitgedanken von Johannes Wagenknecht zur Gründung des ökumenischen Treffs „Unruhe" vor zehn Jahren. Der mit 60 Lebensjahren durch eine Rationalisierungswelle pensionierte und gelernte Sozialarbeiter Johannes Wagenknecht wollte noch lange nicht aufs „Alte Eisen" abgestellt werden und begann Sondierungsgespräche mit Pfarrern beider Kirchengemeinden in Gelnhausen zur Vorstellung und Umsetzung seiner Idee. „Der ökumenische Gedanke war mir besonders wichtig bei der Gründung des Seniorentreffs, weil es Menschen in dieser Altersgruppe in beiden Konfessionen gibt, die ich ansprechen möchte", führt Wagenknecht aus. So entwickelte Wagenknecht ein Konzept für einen dreiwöchentlichen Treffpunkt im Vorruhestand und als Alternative zum Ruhestand mit dem Namen „Unruhe". Von Beginn an war dieses Konzept festgelegt auf drei Schwerpunkte: 1. Seminare mit der Auseinandersetzung aktueller Themen um Kirche, Religion, Gesellschaft und Lebenskunde; 2. Erlebnisausflüge kultureller, künstlerischer und musischer Ereignisse und Objekte; 3. Begegnungsstätte für Gespräche, Erfahrungsaustausch und Geselligkeit. Das Konzept war von vornherein ausgelegt auf Menschen im Vorruhestand.

„Da die Menschen um das Rentenalter herum angesichts ihrer Vitalität noch lange nicht ruhig bleiben können findet der Name ‚Unruhe' seine Entsprechung in der Bezeichnung des Treffs", erklärt Wagenknecht. Die Bezeichnung Unruhe diene der Analogie für Bewegung und „Auf dem Weg sein". Diese Analogie wurde auch im gut besuchten ökumenischen Gottesdienst in der Krypta der St. Peterskirche, der vor den Feierlichkeiten stattfand, von Pfarrer Hans Höfler unter dem Motto „Unser Leben ist ein Fest" thematisiert. Aufgrund der Programmatik sehen die Menschen diesen Treff als Chance, sich zu engagieren und gesellschaftliche Aufgaben mit zu gestalten. In diesem Zusammenhang werden Referenten eingeladen, die bei der Durchführung der Angebote fachkundige Seminare, Beratungen und Vorträge anbieten. Gemeinsam mit der 1999 gegründeten Senioreninitiative „Die Brücke" werden seitdem gemeinsame Aktivitäten geplant und umgesetzt. So hat das Leitwort des Gründungsgedankens heute noch Gültigkeit: „Unterwegs sein und bleiben. Voller heilsamer Unruhe in ökumenischer Gemeinsamkeit auf dem Weg zur Einheit der Christen und aller Menschen ‚guten Willens' miteinander suchen, ringen und entdecken, mit bauen am Reich Gottes, unterwegs zu sich selbst, zum Mitmenschen und zu Gott" (J. Wagenknecht).

Lächeln tief im Herzen

Oft denk ich schon am Morgen:
Es möge ohne Sorgen
Der Tag zu Ende geh'n.
Der Abend ist noch ferne,
da warten schon die Sterne,
die freundlich auf mich seh'n.

Und ich darf lächeln, lächeln,
tief im Herzen drin,
weil ich im Leben voller Hoffnung bin.

Es gibt auch and're Zeiten,
die mögen mich nicht leiden,
kein Mensch, der meine Welt versteht.
Will mich das Schicksal dämpfen?
Um Haltung muss ich kämpfen,
die Welt ist mir total verdreht.

Doch darf ich lächeln, lächeln,
tief im Herzen drin,
weil ich im Leben voller Hoffnung bin.

Dies Lächeln jedes Mal
Ist wie ein Sonnenstrahl,
der meine Seele warm erhellt.
Ich weiß, ich kann mich freuen
An jedem Tag von Neuem.
Und denke: Das ist meine Welt.

Dann darf ich lächeln,
lächeln tief im Herzen drin.

Und dann denke ich bei mir:
Welch ein Glück,
dass ich so voller Hoffnung bin.

Veränderungsangst

Wie ich in persönlichen Gesprächen, Korrespondenzen und in Posts in den sozialen Medien im Moment verstärkt mitbekomme, beschweren sich so viele Menschen über ihren Lebenszustand, sie jammern, sind verzweifelt und suchen Schuldige für ihre Situation. Nach der Beschreibung des Unzufriedenheitszustandes folgt in der Regel die Formulierung ihres Traumes, der den Wunschzustand beschreibt: Raus aus der Misere. Und schlussendlich folgt die Resignation mit vielerlei Begründungen: „Aber ich kann ja sowieso nichts verändern", oder „ich kann meinen gewohnten Zustand nicht verlassen" und als Krönungen der Ausflüchte müssen dann Beruf, Familie, Haus und sonstige Verbindlichkeiten herhalten. Dahinter steckt ein ausgeklügeltes System der Angst vor Veränderungen.

Was der Kopf uns für ein Streich spielt, zeigt sich immer dann, wenn wir plötzlich Herzklopfen bekommen, wenn wir uns von der Begeisterung anderer anstecken lassen und am liebsten auf der Welle des Glücks mitreisen möchten und keine Grenzen fühlen mehr können, denn wie sagte Antoine de Saint-Exupery bereits beim kleinen Prinzen: „Man sieht nur mit dem Herzen gut, das Wesentliche ist für das Auge unsichtbar". Das Auge ist das, was unser Herz erblinden lässt, wenn es sich vom Kopf von der Angst blenden lässt. Wir sind doch alle sehr Systemgeprägt und letztlich kein bisschen Frei von Urteilen, dem Verurteilen oder Beurteilen einer Sache, eines Menschen oder einer Situation. Würden wir unser Herz viel öfter zu Wort kommen lassen, dann nähmen wir auch viel schneller wahr, was für uns wichtig und demnach richtig ist, und wir könnten damit die richtigen Verstandesentscheidungen vorurteilsfrei und vor allem voller Freude treffen. Damit wären dann beide bedient: das Herz und der Verstand. Angst löst in uns Hormone aus, Hormone, die für die Flucht wichtig sind, und zwar einer Flucht vor gefährlichen und bedrohlichen Gefahren. Angst kann uns aber auch derartig lähmen, dass kein Vorankommen mehr möglich ist. Ich kenne das zu gut. In tausend Ausflüchten habe ich mich gewunden und bin regelrecht in Selbstmitleid versunken. Als nächstes kamen zur Unterstützung und Begründung all meiner Ausreden meine Angst hinzu, die Angst etwas dahingehend zu verändern, dass ich genau das bekomme, was ich mir gewünscht habe und was sich eigentlich für mich als richtig anfühlt; das Akzeptieren einer unzufriedenen Lebenssituation führt letztendlich immer dazu, sich damit zu arrangieren. Und da ich sowieso derart viel zu tun habe, durch und durch im Beruf und Alltag abgelenkt bin und überaus SATT in allem bin was mich umgibt, musste ich mich auch nicht meinen Herzensangelegenheiten widmen. Wenn da nicht - wie so oft - irgendein einschneidendes, ein dramatisches, meist vom Herzen ausgelöstes Erlebnis wie zum

Beispiel eine Krankheit, ein Burn-out oder was es auch immer ist (bei mir wird der Wunsch zu Reisen durch Menschen genährt, die mir das vorleben), wachgerüttelt hätte, dann würde ich noch heute meine Angst vor Veränderung füttern, überfüttern, ja fettfüttern, mit all den Ausreden, mit all dem Totreden, mit all dem Schönreden von etwas was mich eigentlich krank macht.

Dabei lässt sich die Angst vor Veränderungen ganz leicht überwinden: 1. Durch die Wahrnehmung der Unzufriedenheit. 2. Durch die nüchterne Analyse der Unzufriedenheit. 3. Durch die Formulierung eines Herzenswunschzustandes. 4. Durch den Willen, eine Veränderung zu versuchen und Zweifel aus dem Weg zu räumen. 5. Durch die Feststellung, dass Veränderungen nicht bedrohlich sind, sondern das Leben lebendig und freudvoll gestalten. 6. Durch das TUN! Nun, so haben wir uns als Familie Schritt für Schritt für den Weg der Auswanderung aus einem System der Lebensagonie in ein Land mit dem Tor zur Lebensfreude entschieden. Und diese Veränderung allein hat uns die Angst genommen und sie in Freude auf diese Veränderung verwandelt. Es lebe die Veränderung!

LEBEN – LIEBEN – FRAGENZEICHEN

Leben, oh das ist ja wunderbar,
ach, fast sogar ganz sonderbar.
Ja, Leben, das wäre wunderbar,
nicht allein nur sonderbar.
Leben lieben,
Liebe leben!?
Ich fange an zu schweben.
Ist das bereits nicht geben?
Und nicht nur nehmen!
Was ist das für ein Leben?
Wie war denn das nur eben?
Geht es hier allein ums geben?
Ach ja – fange an zu schweben.
Geben und Nehmen von ganzen Herzen,
und das ganz ohne groß zu Scherzen.
Was ich fühle ist mir klar,
glühend heiß, wie wunderbar.
Und wenn sie durch den Magen geht,
so glaube ich, sie nie vergeht.
Die Liebe leben,
das Leben lieben,
ich glaube, ich fange an zu schweben.

Die Wurzeln des Lebens

Der Geist ist der Ursprung allen Seins!

Liebe Leserin, lieber Leser,

das Leben nimmt seinen Anfang in der Saat des universellen Schöpfers.

Hier stattet der kreative Schöpfer des Universums und der Welten den Menschen mit den Grundlagen seiner unendlichen Liebe aus. Noch während das Saatgut in den Armen der väterlichen Obhut und dem mütterlichen Schutze keimt und kräftig gedeiht, beginnt der lebensspendende Künstler des Universums mit der Ausformung der inneren und äußeren Gestaltung seiner Idee von einem einmaligen und einzigartigen Menschen. Und gibt durch gesegnete Reifung der kleine Mensch nach dessen wundersamen Geburt seinen klangvollen Urschrei zum Besten, wirft der universelle Geist die Tentakel seiner unendlichen Geborgenheit mit einem für alle im Universum Anwesenden laut hörbaren Halleluja um dein zartes und liebenswertes Wesen.

Eingebettet in die zarten Umarmungen einer liebevollen Umgebung legen die von Gott mit tiefem Glück und hoher Verantwortung verliehenen stolzen Eltern in ihrem Kinde einen immergrünen und blühenden Grundstock für eine unvergessliche erlebnisreiche und lehrreiche Reise ins Leben. Noch während das junge Menschenkind sich voller Neugier und Tatendrang ins Gewühl der Lebensereignisse stürzt, wird es im Zuge der eigens erlebten staunenswerten Erfahrungswelten stets gewahr mit der tief verwurzelten Verbundenheit mit dem Odem des Lebensgeistes, welcher sich durch Gottes Gnade verpflichtet fühlt der Seele in dunklen Stunden trostspendend und lichtbringend beizustehen. In diesem heilbringenden Sinne wird der Leser und die Leserin stets intuitiv in den verborgenen Tiefen seines bzw. ihres Selbst von der niemals versiegenden Quelle des göttlichen Beistands schöpfen können ohne Angst und mit der Gewissheit auf die von Anbeginn des Lebens versprochene Sorglosigkeit.

Wer sich seiner Wurzeln im Anbeginn der Schöpfung besinnt, kann sich sicher sein, einen festen Pfad vorzufinden, der sowohl wegweisend als auch sinnstiftend in Wahrheit und Weisheit münden wird. Gehe diesen dir vorgezeichneten Weg in Treu und Glauben an das was das göttliche Prinzip dir als Lebensaufgabe zur Vollendung dessen Werkes aufgetragen hat und du wirst mit Stolz und in Freude zu dir selbst in Licht und Liebe gelangen!

Mit diesen Zeilen innewohnenden lieben Grüßen wünschen wir dir auf den noch vor dir liegenden Lebenszeiten Erfüllung bringendes Glück in den Wurzeln deiner Selbst und deiner Familie.

Ellas Traum
(Fortsetzungserzählung)

Ella wacht auf und geht zu ihrer Puppe. Sie nimmt sie liebevoll in ihre Hand und drückt sie innig an ihr Herz. Sie geht zum Fenster und schaut auf die sanften Hügel hinter dem Garten. Das frühe Sonnenlicht am Horizont, welches die Sonne hinter den Hügeln ins Fenster freundlich durch das Glas scheinen lässt, weckte ihre Lust am Leben. Sie spürte es ganz tief in sich schlagen, das Herz, das ihr im Körper vor Freude auf diesen Tag fast zerspringen will. Sie weiß ganz genau, dass ihre Eltern stets ihre Versprechen halten, wenn sie sie einmal ausgesprochen hatten. Und sie hatte lange gebettelt und für ihren Wunsch bei ihren Eltern angeklopft. Noch am Vorabend betete sie zum lieben Gott und legte ihre ganze Hoffnung in seine Kraft, die Eltern doch noch umzustimmen. Sie wünschte sich nichts sehnlicher als die sprechende Puppe mit dem wunderschönen Gebet vom guten Hirten. Wie lange quälte Ella sich mit diesem Wunsch. Doch ihre Eltern blieben immer wieder hart, weil entweder das Geld fehlte oder sie keine Zeit hatten, diese Puppe aus ihrem Lieblingsgeschäft zu besorgen. Wie oft sind sie an dem Geschäft vorbeigefahren, ohne anzuhalten. Wie gerne wäre sie aus dem Wagen gesprungen, um nur in der Nähe dieser lieblichen Puppe zu sein. Doch immer wieder wurde sie enttäuscht. Aber niemals hatte sie diesen Wunsch aufgegeben. Und gestern Abend fasste sie ihren ganzen Mut zusammen und schüttete vor ihren Eltern diesen sehnlichen Wunsch aus. Dabei hatte sie um Tränen gerungen und fast geweint. Aber Ella wollte stark sein, wenn sie ihre Eltern um diese wunderbare Puppe bat. Wie oft hatten sie Ella ausgelacht und gesagt, du verstehst das doch noch gar nicht. Was willst du denn mit einer betenden Puppe? Ella konnte nie etwas darauf erwidern. Doch sie spürte dieses Gebet in sich, gar so als werde sie an der Hand genommen und durch grünes Gras geführt. Sie riecht förmlich den Tau der grünen Aue, wenn die Puppe das Gebet ausspricht oder sie dieses Gebet leise nachspricht. Sie hatte es sich schon beim ersten Hören gemerkt. Und es hatte sie in ihren Bann genommen. Sie spürt es ganz genau, wenn Gott bei ihr ist und sie durch so manche Ängste in der Dunkelheit der Nacht ins Licht der göttlichen Liebe führt. Ella hat einen Bund mit Gott geschlossen, der beide untrennbar miteinander verbindet. Immer Wenn Ella Angst hat, gibt sie Gott ein Stück davon ab. Sie teilt quasi die Furcht mit ihm. Doch Gott will immer alles haben. Er gibt sich nicht nur mit einem Stückchen zufrieden, sondern nimmt Ella bei der Hand und führt sie durch das dunkle Tal. Dort liegen in den unzähligen Höhlen all ihre Ängste begraben. Und immer, wenn Ella durch dieses unheimliche Tal mit Gott an der Hand geschritten ist, dann umhüllt sie ein Stahl voller Freude und sie kann guten Mutes all die Dinge tun, vor denen sie sich vorher fürchtete. Mit diesem Mut stand sie gestern Abend, kurz bevor sie ins Bett ging, vor ihren Eltern und fragte wieder nach dieser magischen Puppe. Ella war es gar so, als sprang ein Licht, fast wie ein Funkte, von ihr auf ihre Eltern hinüber, ganz unmerklich aber doch von Ella in den Augenwinkeln wahrgenommen, und ihre Eltern erwiderten voller Verständnis und mit einem zauberhaften Lächeln auf den Lippen, dass sie sich es bis morgen Früh überlegen wollten. So stand sie nun am Fenster, mit ihrer alten und geliebten Puppe in der Hand, und ließ sich von den lieblichen Morgenstrahlen die Verheißung auf die große Freude ihrer Wunscherfüllung auf die Haut schreiben. Sie durchströmte ein so wundervolles Gefühl, wie sie es zuletzt als Kinder empfand und

_____

_____

_____

_____

Im Alles oder Nichts

Eines Tages schlenderte ein alter Mann eine Landstraße entlang. Die Straße führte nach Nirgendwo. Das wusste der alte Mann und ging voller Leichtigkeit seines Weges. Weit weg, am anderen Ende dieser Straße lief gleichzeitig ein junger Mann los. Auch er wusste, dass er nach Nirgendwo ging und schlurfte daher etwas schwerfällig seines Weges. Gedankenverloren schlenderte der alte Mann am Straßenrand und blickte nicht einmal zurück, denn das, was er dort zu sehen bekam, kannte er schon und ließ es mit einem Gefühl der Erleichterung zurück. Wo kann es schöner sein als Nirgendwo, dachte er sich und blickte voller Melancholie und Sehnsucht nach vorn. Der junge Mann schritt im Zweifel zwischen Elan und Zuversicht voran und blickte mit jedem Schritt zurück, in der Hoffnung, all das wieder zu finden, was er mitgenommen hatte. Wo kann es schöner sein als Nirgendwo, wo es Alles gibt, dachte er. Als der alte Mann nach einer Weile in einer Ortschaft ankam, fragten ihn die Leute, wo er denn ohne Gepäck hinwollte, denn Nirgendwo gäbe es doch nichts. Da lächelte der alte Mann und antwortete, dass er Nirgendwo schon Nichts finden werde und schlenderte leichtfüßig aus dem Ort. Der junge Mann kam ebenfalls nach einer Weile in einem Ort an, in dem ihn die Leute fragten, warum er denn so beladen nach Nirgendwo ginge, denn dort gäbe es doch Alles. Da antwortete der junge

Mann, dass er Alles schon finden werde und er ging schwerfällig weiter. Auf halber Strecke begegneten sich der alte und der junge Mann. Der alte Mann sagte, dass er Nirgendwo Nichts finden werde und er sich darauf freue. Der junge Mann sagte, dass er Nirgendwo Alles finden werde und hoffe, froh zu werden. Da entgegnete ihm der alte Mann, dass er von Nirgendwo herkäme und Alles hinter sich gelassen habe, weil Alles so schwer war. Darauf antwortete der junge Mann, dass er von Nirgendwo Alles mitgenommen habe, da er es sich nie leichtmache. Sie schauten sich an und mussten plötzlich gleichzeitig lachen und weinen. Der alte Mann gab dem jungen Mann Nichts mit auf seinen Weg und der junge Mann gab dem alten Mann Alles mit auf dessen Weg. Na, dann, gute Reise, wünschten sie sich gegenseitig und riefen: Wir sehen uns irgendwo im Nirgendwo…

Unbekannt

Es waren einmal ein Mann und 'ne Frau.
Die waren seit acht Jahren zusammen,
und man kann sagen,
sie kannten sich nicht.
Da war ihre Liebe vorhanden,
wie anderer Leute Herz und Verstand,
doch sie sprachen einander ganz fremdes
Gemisch.
Sie fragte den Mann, sag' wer bist 'n du?
Und der Mann, ganz sichtlich in Ratio, antwor-
tete, sag' du es mir!
In gleicher Weise wollte wissen der Mann von
der Frau,
ach, und wer bist du?
Wenn du es nicht weißt,
sprach da die Frau zu dem Mann ganz tief be-
rührt,
dann ist es mir gleich!
Da schauten sich an die Frau und der Mann,
betreten und peinlich von diesem liebestrun-
kenen Bann.
Und so dachten beide unausgesprochen,
ja, wir lieben einander gänzlich unbekannt,
und waren darüber erschrocken.
Fortan da dachte der Mann, was weiß ich
schon?
Während die Frau gar fühlte, schad', dass ich
nichts weiß.
Und so schloss ein jeder für sich in gewohnter
Manier gar denkend und fühlend,
wir kennen uns doch auf dem Papier.

Und wahrlich, da steht geschrieben in weisen Worten:
Sie lieben einander, bis dass der Tot sie mal scheide.
Auf dem Stein des Grabes gemeißelt steht in großen Lettern dann:
Da waren einst ein Mann und 'ne Frau,
in Liebe vereint als Mister und Misses Unbekannt.

Computer-Nostalgie

Anfang 1986 kam ich zum ersten Mal im Rahmen des Mathematikunterrichts mit der Programmiersprache BASIC in Berührung, damals noch mit einem SHARP- Taschenrechner von der Schule. Das war echt ein Erlebnis. Als ich dann endlich die Algebra praktisch anwenden konnte, war es um mich geschehen und ich wollte unbedingt Mathematik studieren. Als ich dann Ende 1986 von meinem Vater einen Commodore C64 geschenkt bekam (ohne Monitor, ohne Laufwerk!) und mit einem SW-Fernseher betrieb, begann ich die geschriebenen Programme noch auf Papier zu übertragen, bis ich mir bald im Rahmen meines bescheidenen Studentenbudgets endlich die berühmte Datasette zum Speichern anschaffen konnte und BASIC-Programmierung mir so allmählich zur zweiten Haut wurde. Einfache Mathe-Routinen und bescheidene Spielchen waren meine ersten Programmchen. Dafür aber konnte ich alsbald, nach den Anschaffungen der legendären 1541 und einem Commodore 302-Nadeldrucker, all meine Texte, Bilder und Daten mit den ersten professionellen Programmen wie Star-Texter, Star-Painter, Data-Base und dem grafischen Benutzeroberflächen-Betriebssystem GEOS erstellen und verwalten. Das war eine riesige Sache: Von der Schreibmaschine zum C64! Ich wog mich doch tatsächlich im Glauben, am Ende der Industriellen Revolution zu stehen. Doch BASIC erfüllte recht schnell nicht mehr meine Bedürfnisse und ich musste mich zwangsläufig mit der aufwendigen Assemblersprache für den 6501-Prozessor beschäftigen. Das waren Tage und Nächte voller Lust und Frust und so manches mal hätte ich den Klapperkasten am liebsten aus dem Fenster geworfen. Aber ich lernte den guten alten Brotkasten immer mehr zu schätzen und zu lieben! Der C64 war und bleibt einfach ein echtes Multitalent – schade eigentlich, dass er bis heute nie als echte PC-Konkurrenz weiterentwickelt wurde (ein installiertes Betriebssystem war echt eine gute Sache im Gegensatz zu den aufgezogenen Betriebssystemen). Und als ich sogar noch im Jahre 1993 meine erste Diplomarbeit im Studiengang Sozialpädagogik mit dem C64 schrieb, wurde ich von allen Seiten nur milde belächelt, denn die PC-Revolution war längst voll im Gange mit den ersten Pentium-Prozessoren und dem DOS-basierenden Betriebssystem Windows 3x sowie Office 4x als Bürosoftware. Doch in Berührung mit einem 80486er-PC kam ich erst 1998, den ich samt Monitor als Exventar von meiner damaligen Arbeitsstelle bekam. Von nun an begann erst mal der C64 im Keller zu verstauben und widmete mich der Faszination PC. Diese Faszination hält mich bis heute in Bann und ich begann kräftig in Quick-Basic zu programmieren (das kannte ich ja bereits vom BASIC des Commodore C64). Doch die PC-Entwicklung ist so rasant, dass ich mittlerweile 6 Bücher unterschiedlicher Programmiersprachen (Q-Basic, Visual

Basic, C++, VB Scripting Host, Java Script und HTML) auf meinem Schreibtisch liegen habe und so allmählich die Übersicht verliere. Wie einfach waren doch die Zeiten mit dem guten alten C64, so dass ich diesen nun wieder aus dem Keller holte und logischerweise mit dem PC verbunden habe (ich verbinde den C64 und seine Floppys mit dem PC über die jeweiligen Schnittstellen miteinander und betreibe so die Programme auf DOS-C64-Emulatoren auf dem PC; auch die Übertragung von C64-Programmen auf den PC ist möglich)! Ich kann's halt einfach nicht lassen (und wer träumt nicht gerne vom HAL 9000 aus "2001 - Odyssee im Weltraum"). Einige meiner bescheidenen C64- und PC-Programme waren ein Gittarrenstimmprogramm, eine Lotto-Simmulation (leider ohne Gewinnvoraussage) sowie einfache Spiele ohne großartige Grafik und Rate-Quizz-Programme für Kinder. Und wer sich mit dem C64 näher beschäftigt, der kann ja auf www.C64.com klicken und gelangt von dort zur C64-Forever-Homepage mit interessanten Entwicklungen zum Brotkasten. Ich schloss mein Mathematikstudium dann doch nicht ab, weil mir die Materie irgendwie zu wenig mit dem Leben gemein hatte. Die Tüftelei mit den Computern und die Computerei selbst mit ihrer Programmierung und Anwendungssoftware sind mir dennoch zum echten Hobby geworden und ich freue mich immer wieder, wenn ich Kindern und Erwachsenen Einführungen und

Hilfestellungen in Sachen PC geben kann. In diesem Sinne: The robot must go on!

Gut sein

Wenn wir gut sein wollen,
sollten wir gut denken.
Wenn wir gut denken wollen,
sollten wir uns gut fühlen.
Wenn wir uns gut fühlen wollen,
sollten wir liebevoll sein.
Wenn wir liebevoll sein wollen,
sollten wir mit der Schöpfung eins sein.
Wenn wir mit der Schöpfung eins sein wollen,
sollten wir demütig sein.
Wenn wir demütig sein wollen,
sollten wir lernfähig sein.
Wenn wir lernfähig sein wollen,
sollten wir neugierig sein.
Wenn wir neugierig sein wollen,
sollten wir staunen können.
Wenn wir staunen wollen,
sollten wir offen sein.
Wenn wir offen sein wollen,
sollte man sich selbst sein.
Wer sich selbst ist,
der kann gut sein!

Einsamkeit

- O Einsamkeit, du meine treue Freundin!
Nun steh' ich wieder auf einer Brücke
zwischen zwei Ufern. Das Land,
aus dem ich komme, ist hinter mir
und das Land, das ich anstrebe,
habe ich noch nicht betreten.
Ich stehe mit dir, leidend und hoffend
auf meiner Brücke...

- Was ist mein Steg? Ist er eine Verbindung
zweier Ufer, ihr Kampf und ihre Bereiche-
rung?
Oder ist er eine eigene Welt,
getrennt von allen Ufern?
O Einsamkeit, bist du mein Leben?

- Unter mir das Tiefe, dunkle Wasser.
Soll ich herunterspringen? Würdest du mir
folgen?
oder würde ich dann ohne dich
in der unendlichen Tiefe untertauchen,
erlöst von mir, von dir und meiner Brücke...?

Realitätsschaltung –
Wie werden Ideen wahr?

Wer kennt das nicht? Wir haben einen Wunsch und schicken ihn an irgendeine Stelle, von der wir hoffen, dass der Wunsch dort aufgenommen und umgesetzt wird. In der Regel wünschen wir uns einfach etwas und teilen es anderen Menschen mit. Oder wir richten unseren Wunsch an Gott. Manche schicken ihren Wunsch ans Universum. Instanzen, von denen wir der Ansicht sind, dass diese unsere Wünsche erhören und verwirklichen gibt es so viele wie es Menschen gibt. Aber wer ist denn nun tatsächlich dafür zuständig, dass sich unsere geistigen Vorstellungen verwirklichen, also in Realität schalten?

Eines ist sicher wie das Amen in der Kirche und eine Binsenweisheit obendrein: Wenn ich will, dass ich meinen Finger bewegen möchte, dann kann ich das jederzeit tun. Ich denke einfach: Ich will meinen rechten Zeigefinger bewegen! Mit dem Denken ist es allein natürlich noch nicht getan. Ich kann ihn, nachdem ich das gedacht habe, entweder nicht bewegen oder aber doch bewegen. Das liegt einzig an meinem Willen. Wenn ich will, dass er ruhig bleibt, dann bleibt er es. Wenn ich aber will, dass er sich bewegt, dann tut der Finger das einfach mit bestimmten Bewegungsabläufen im Hintergrund, ohne dass ich darüber bewusst nachdenken müsste, welche

Abläufe für die Umsetzung der Idee bis hin zur eigentlichen richtungsweisenden Bewegung notwendig wären. Der Vorgang der Umsetzung der geistigen Idee in materielle Bewegung verläuft ganz automatisch nach den Vorgaben der Bau- und Funktionsanleitungen unseres Körpers. Diese molekularphysischen bzw. biochemischen Abläufe laufen in uns unbewusst ab, wir sehen lediglich das für uns wichtige willentliche Ergebnis. Es ist also möglich, mit einer Idee, dem Willen etwas Materielles zu erschaffen und in der Realität wirksam werden zu lassen.

Jetzt stellt sich natürlich jeder die scheinbar berechtigte Frage: Wenn ich aber selbstständig fliegen will, dann geht das in der Kausalkette von der Idee zur Umsetzung eben nicht, denn ich kann ja gar nicht fliegen. Der Einwand mag auf dem ersten Blick argumentativ ausgereift zu sein, ist er aber nicht. Denn wenn ich die Idee vom Fliegen entwickle, dann kann ich mich in ein Flugzeug begeben, mir vorher einen Fallschirm umspannen und mich in die Tiefe stürzen. Dann fliege ich. Zwar nicht wie ein Vogel, aber ich fliege. Wenn ich dann formuliere, dass ich fliegen kann wie ein Vogel, dann muss ich mir diese Bedingungen eben irgendwie herstellen, damit ich fliegen kann wie ein Vogel. Unmöglich ist das keinesfalls. Manche Ideen benötigen eben noch Zeit und bestimmte Umstände, um eins zu eins umgesetzt werden zu können. Wenn ich Barren turnen will und habe das vorher noch nie getan, dann kann ich zwar Barren turnen, aber ich würde mich schwer damit tun. Erst nach langer Übung, bin ich dann in der Lage ordentlich Barren turnen zu können. Möglich ist das.

Also, offensichtlich ist es möglich, eine Idee in Realität zu schalten, also durch Materialisieren wirksam werden zu lassen. Beispiele dafür gibt es unzählige und diese Tatsache wird täglich millionenfach praktiziert, ohne dass wir uns darüber den Kopf zerbrechen. Wir beginnen erst darüber zu sinnieren, wenn uns etwas fehlt, wenn etwas schief geht, wenn das Schicksal ungünstig zuschlägt, wenn wir schnelle Ergebnisse erwarten, aber nichts dafür tun wollen uns so weiter. Immer dann, wenn wir einen bestimmten Mangelzustand erfahren, erwarten wir vom Schicksal, dass es uns aus dieser Situation herausholt. Am besten schnell und irgendwie. Das kann auch unter bestimmten Umständen funktionieren, nämlich dann, wenn wir uns bewusst werden, dass hierzu bestimmte „Kräfte" im Universum aktiviert werden müssen qua unseres Bewusstseins, wobei wir wieder beim Willen wären. Um welche Kräfte handelt es sich? Wie die moderne Physik herausgefunden hat, besteht das große Vakuum zwischen unseren Atomkernen und den Elektronen sowie das im Universum (das was wir sehenden Auges als Schwarz erkennen) aus potenzieller Energie. Das ist eine äußerst großartige Erkenntnis, weil wir nun wissen, dass potenzielle Energie immer dann aktivierbar ist, wenn wir sie direkt „ansprechen". Das wird an einem einfachen Beispiel erkennbar: Wenn wir ein Fahrzeug auf einem Berg stehen haben, dann hat dieses Fahrzeug eine Potenzielle Energie. Wenn wir dieses Fahrzeug an schupsen und nach unten rollen lassen, dann verwandelt sich diese Potenzielle Energie des Fahrzeugs in kinetische Energie, also in Bewegungsenergie und in Wärmeenergie (durch die Reibung der Reifen auf dem Straßenbelag). Man sieht, dass es durch Energieumwandlung möglich ist, eine Zustandsänderung herbei zu führen. Das scheint ein universelles Gesetz zu sein: Wandlungsenergie als Ursache für Transformationsprozesse wie beispielsweise die Umsetzung der potenziellen Idee „Arm heben" in Bewegungsenergie „Arm anheben". Nun, das funktioniert natürlich ebenso mit allen anderen Ideen exakt genauso! Nur wie?

OK, ich sehe schon: Werden wir konkret und wir wollen beispielsweise die Idee, „Reich zu werden", natürlich auch in Realität schalten, also wahr werden und wirken lassen – wer will das nicht?! Potenziell ist der Reichtum vorhanden. Wo? Im Vakuum des schwarzen Raumes zwischen Atomkern und Elektronen oder in den unendlich dunklen Weiten des Universums. Dort schlummert ein Meer der unendlichen Möglichkeiten als freie Quanten. Jetzt heißt es, dieses unendliche Potenzial auch irgendwie anzuzapfen. Wie das geht? Ganz einfach: ich schupse das Auto an und es beginnt los zu fahren. Das heißt, ich richte meine Gedanken, gepaart mit echten Gefühlen zu diesen Gedanken, auf dieses unendliche Quantenpotenzial und stelle mir leibhaftig mit Leib und Seele vor, was ich konkret will, formuliere meinen Wunsch gedanklich präzise, erfreue mich kongruent am Bild des Erreichten und wiederhole das Ganze so lange, bis sich die feien Quanten im Vakuum beginnen so zu formieren, dass sie Kräfte bilden, um die freien Potenziellen Quanten aneinander zu binden, dass sie sich auf Molekularebene miteinander zu dem Bild vereinen, was man sich vorgestellt hat (Materialisierte Quanten). Bleiben diese Gedanken und Gefühle (also die lebhaften Vorstellungen) konstant als Krafteinwirkung auf den Entstehungsprozess der Bindung von Quanten zu ganzen Molekülketten bestehen, dann besteht die Chance, dass die Energien sich verstärken und den gewünschten Zustand in Realität schalten, in dem sich die Spins, also die Kräfteverbindungen der Quanten, in die Richtung ausrichten, in der sich die Vorstellung des Reichtums befindet, nämlich beispielsweise in einem Lottogewinn, oder in einem lukrativen Auftrag, einer gut dotierten Arbeitsstelle, also exakt in dem, was man sich selbst vorgestellt hat, auf welche Art und Weise man zu Reichtum gelangt (es genügt eben nicht, nur abstrakt zu sagen: „ich will reich werden" – es muss immer ein konkreter Gedanke des Wie, Wo, Wann, auf welchem Weg und ein echtes Gefühl beispielsweise der Freude damit verbunden sein).

Das Erstaunlich daran ist: Die Realisierung funktioniert! Formuliere dir ein konkretes Ziel, fordere die Potenzielle Energie (man könnte auch fast „Gott" hierzu sagen) auf, dir zu zeigen, wie dieses Ziel in deiner Wirklichkeit umsetzbar ist und du wirst unmittelbar und direkt eine Antwort von den Spins in Form von Sprache, Codes, Zeichen, Symbolen oder Bildern bekommen. Hierzu musst du allerdings das Werkzeug der Meditation verwenden, um dich mit den dich umgebenen Potenziellen Energien verbinden zu können. Zwischen Tür und Angel des Lebens kommt keine wirksame Kraftbindung zwischen den Potenziellen Energieträgern, den Photonen, zustande. Daher ist die Meditation ein Werkzeug, mit dem es möglich ist, deinem Wunsch nach Diesen und Jenem zeitlichen und informativen Nachdruck auf die Potenziellen Quanten, also den Spins, zu verleihen. Wichtig ist, dass man sich seinen Gedanken und Gefühlen frei öffnen kann. Das kann auf einem Spaziergang sein, ein paar Minuten auf der Toilette, vor dem Schlafen gehen, beim Aufwachen, beim Sport oder Yoga etc., beim Musikhören, beim Kochen oder bei Rot an der Ampel, ganz gleich in welcher Alltagssituation man steckt, wichtig ist, dass man Zeit und Muße hat, sich seinen Gedanken und den dazugehörigen Gefühlen gegenüber echt und aufrecht hinzugeben, ob in Sekunden,

Minuten, Stunden oder gar Tagen, wichtig ist der Prozess der Verbindung der eigenen Vorstellung mit den Quantenpotenzial – es handelt sich bei der Meditation im Großen und Ganzen um einen Prozess der Kommunikation zwischen sich selbst und den Potenziellen Quanten, einem Informationsaustausch. „Ich will 100000 Euro durch meine Idee, Spirituelle Coaches und Transformationscoaches auszubilden, im Jahr verdienen, ist ein konkreter Wunsch, der nun durch den oben beschriebenen Prozess des Informationsaustauschs mit der eigenen Vorstellung und den Potenziellen Energien des unendlichen Quantenfeldes in Realisierung gerät. Ganz einfach! Dank moderner Physik, die es geschafft hat, ihre Erkenntnisse in philosophische Erkenntnistheorien zu formulieren und dies mit Spiritualität in Verbindung zu bringen, ist es nun endlich möglich, dass jeder einzelne Mensch in der Lage ist, Herr seines eigenen Schicksals zu sein!

Zusammenfassend kann man sagen: Willst du ein Ziel erreichen, dann verbinde dich via Meditation mit den Potenziellen Quanten aus dem Vakuum des Universums (dessen Teil du selbst bist), formuliere deine konkrete Vorstellung von deinem Ziel, verstärke die Vorstellung durch Wiederholung, um die Quanten miteinander zu Spins zu verbinden, die sich in Richtung deiner Vorstellung ausrichten und alle Kräfte wirken lassen, um dein Ziel zu erreichen. Physikalisch ausgedrückt heißt das: Aktiviere durch deinen Informationsfluss die Kräfteeinwirkung der Photonen aufeinander, damit sie sich miteinander durch Kraftfelder verbinden. Durch wiederholte Informationseinwirkung deinerseits verstärkst du das Kraftfeld der beiden verbunden Photonen zu einer Verbindung zu Molekülen, die ihrerseits die Grundlage der Materialisierung deiner Vorstellung ebenen und in Realität schalten, also wirksam werden und deine Vorstellung somit umsetzen.

Das ist eine grandiose Erkenntnis-Idee, die uns die Quantenphilosophen mit auf unseren eigenen Erkenntnisweg geben. Lasst uns nun beginnen, das Leben mündig in die Hand zu nehmen und unser Schicksal selbständig, bewusst und liebevoll zu bestimmen!

Meine Geburt

Die Geburt ist eine fantastische Reise durch eine lebenslange Metamorphose hin zur Blüte des Lebens. Wir durchforsten geistige Verbindungen, durchwandern körperliche Sinnlichkeiten und heben an zu fliegen durch die Analen der seelischen Erfahrungen. Was kann schöner sein als zu leben, zu wachsen und zu lieben? Ganz gleich, welche Niederungen ein Mensch durchwandert, nichts kann ihn daran hindern, sich so zu entwickeln wie es für ihn als notwendig erscheint, denn ein jeder ist Gestalter seiner eigenen Lebensumstände. Daher ist es so wichtig, geistig und seelisch in allen Lebensbereichen zu erwachen und seine eigene Lebens-Geburt bewusst und liebevoll zu vervollkommnen!

Als Gott mich im Universum schuf und zur Sternenzeit, Donnerstag, den 01. April 1999 um 11:11 Uhr zur Erde nach Frankfurt am Main in Deutschland sandte, sagte er zu mir: „Geh, und suche nach dem Sinn des Lebens! Wenn du wieder kommst gibst du mir etwas von dieser Erkenntnis ab!" Ich hatte zwar überhaupt keine Ahnung wovon der Herr da sprach, aber ich ging und suchte und suchte und suchte. Ich wollte schon aufgeben, doch dann lief mir zufällig der Bruder von Sinn über den Weg. Er nannte sich Unsinn und wollte mich zu seinem Bruder bringen. Ich jubelte und freute mich darüber, dasjenige endlich gefunden zu haben, wonach ich suchte. Und so erfüllte sich, was unweigerlich kommen musste:

Der Tag meiner Niederkunft auf Erden war ein denkwürdiger Tag. Ich wurde an Fronleichnam geboren, dem Hochfest des Leibes Christi. Nomen est Omen lautet mein Karma gesteuertes Schicksal und ich sollte ein hochwohlgeborenes Kind inmitten einer stinknormalen Kleinbürgerfamilie werden – ich glaube, ich bin hier auf dem falschen Flughafen gelandet, dachte ich noch so bei mir, und wollte den Kapitän bitten, sofort noch einmal abzuheben, um woanders unterzukommen. Doch der hatte bereits das Flugzeug verlassen und ich musste aussteigen, dort wo ich mit meinem göttlichen Blut gebührlich empfangen werden sollte und wo ich mich meiner würdig fühlte. Ok. Ich stieg aus und mir wurden im Krankenhaus sofort alle Keime mit Desinfektionsmittel entfernt und der Doktor sagte noch lakonisch: „Willkommen an Bord. Jetzt kann der Ernst des Lebens anfangen!" und legte mich in einen Brutkasten. Ich dachte zwar, dass ich erst einmal an Mutters Brust angelegt werden sollte, aber als das nicht der Fall war, wusste ich schon, wo die Reise so ungefähr hingehen sollte. Wahrlich, ich sage euch: ich wäre ja am liebsten wieder zurück in den Mutterschoß gekrochen. Das müssen die fünf bis zehn um mich herumstehenden Familienmitglieder im Krankenzimmer irgendwie gemerkt haben, denn mit einem Male stürzten allesamt gleichzeitig auf mich zu und zerrten an meinen dünnen Schrumpelärmchen, so dass ich mein Leben lang wie der Dschungelbuch-Affenkönig King Louie durch die Gegend hüpfen muss und zogen dabei zusätzlich meinen Hals derart in die Länge, dass ich noch heute das Gefühl habe, als Giraffe auf die Welt gekommen zu sein. Das ist der Grund, warum ich bis heute noch in manchen Situationen einen ziemlich langen Hals schiebe.

Nun, ich kam nach einiger Zeit Desinfektionsdasein im Krankmachhaus nach Hause zu meinen Eltern. Das war dann zu allem Überfluss der Armut irgendwo in einer Altstadtwohnung in einem alteingesessenen Stadtteil des oben erwähnten Provinzstädtchens. Nicht nur, dass mich meine Mutter durch mein Geschrei am liebsten durch die Lüfte gewirbelt hätte, nein, nein, dann hätte ich ja wenigstens das Fliegen gelernt, ich war grundsätzlich so willkommen wie Freundhein mitten im Leben. Ich war nun mal nicht das, was man gemeinhin ein Wunschkind nennt. Nein, man nannte mich Nervenbündel und das blieb ich dann auch bis heute so. Meine Eltern zogen dann irgendwann in ein verschlafenes Nest, in ein Dorf am nord-östlichen Rand der erwähnten Provinzstadt in einer vom Staat für junge Familien gesponserte Sozialwohnung mit drei Zimmer. Als ich die Wohnung im zarten Alter von zwei Jahren in einem Kinderkorb getragen betreten durfte, rümpfte ich sofort die Nase, als mir der frische und beißende Geruch des in der Wohnung umher-spukenden Flaschengeistes von Meister Propper in den Atemwegen die Schleimhäute wegzuätzen versuchte. Wie ich allerdings diese keimfreie Zone je überlebt habe, dafür habe ich bis heute noch keine plausible Erklärung. Vielleicht lag es ja daran, dass meine Eltern mir die Lunge mit Ihren Zigaretten von Anfang an mit Teer versiegelt hatten, so dass mir die ätzende Luft der unzähligen Reinigungsmittel, die meine Mutter bezüglich ihrer alltäglichen Hygieneaktivitäten in der Wohnung benutzte, nichts mehr anhaben konnte.

Wie man also unschwer erkennen kann: Als ich geboren war ich dabei. Das ist nicht immer selbstverständlich, dass ich bei elterlichen Angelegenheiten dabei sein durfte. Aber bei meiner Geburt habe ich mich dann doch nicht lumpen lassen – nachdem ich wusste, ich kann nicht mehr zurück, trat ich die Flucht nach vorn an und ich bestand darauf, dabei sein zu dürfen. Und siehe da: Ich kann von mir voller Stolz sagen: Ich war dabei und hab's geschafft! Naja, gut, ich stand ja sogar vor 10 Monaten schon mal auf dem Sie-gertreppchen. Aber das hat ja niemand so richtig gesehen. Als meine recht weitentwi-ckelter Zellhaufen dann mal in der Blutbahn meiner Mutter anklopfte, saß der Schock bei ihr recht tief. Weil: Meine Mutter wollte kein Kind. Zumindest nicht zu dieser Zeit, als sie gerade mal 21 Jahre jung war und kurz vor der Volljährigkeit stand und eigentlich eine

Ausbildung machen wollte. Als mein Vater von der Schwangerschaft erfuhr, saß der auf einem Schiff der Bundeswehr und ersoff erst mal sein Glück mit seinen Kammeraden in der Kombüse mit Bier und Schnaps. Da stand ich also da als Zellknäuel und bekam die Volle Ladung Stresshormone von meiner Mutter ab. Meine tägliche Nahrung also – friss oder stirb. Was da wohl besser gewesen wäre? Woher also meine Nervosität kommt, kann man sich ja nun recht bunt ausmalen. Nicht umsonst mahnten mich im Laufe meines Heranwachsens und Ausgewachsenseins alle in meinem Dunstkreis befindlichen Menschen, angefangen von Mutter und Vater, über Omas und Opas bis hin zu Onkels und Tanten, aber auch Cousinen und Cusins, Nachbarn, Lehrer, Freunde, Freundinnen bis hin zur Ehefrau und meinen eigenen Kindern ständig und unermüdlich an, doch nicht so hibbelich zu sein. Ich wackelte mit dem Kopf, fuchtelte mit den Armen, zitterte mit den Beinen und bin auch sonst ein Unruhegeist sonders Gleichen. Wenn ich es einmal schaffen sollte, 20 Sekunden ruhig auf einem Stuhl sitzen zu bleiben, dann ist das bereits ein Fall für das Guinnesbuch der Rekorde. Ich schwitze praktisch jeden Tag die Stresshormone literweise aus.

Also, da war ich dann, als ich geboren wurde. Ich lag, da, im Brutkasten eingewickelt und hatte kaum Bewegungsfreiheit. Da, worin ich gelegen hatte, das nannte man zu allem animalischen Überfluss auch noch

Brutkasten. Als wäre ich ein Huhn oder so was Ähnliches. Hätte man dazu nicht viel liebevoller Einmachglasaquarium, oder Frischgebornenenaufzuchtbehälter nennen können? Alles besser als Brutkasten. Wie einfallslos.

Grundlegendes über das positive Denken

Positives Denken ist seit der Verbreitung von Dr. Joseph Murphy und seiner gesamten Folgschaft auf psychologischer, spiritueller, theologischer und vielerlei anderer Disziplinebenen in aller Munde. Mittlerweile beschäftigen sich sogar schon Universitäten mit diesem Thema innerhalb ihrer Fakultäten vorgenannter Disziplinen. Das gesamte Thema hat sich im Laufe der letzten 40 Jahre derart verselbständig, dass es hierfür sogar eine komplette Industrie gibt, die uns allerlei Waren, angefangen von Büchern, Tonträgern, Filmen und Verbrauchsgegenständen bis hin zu Bildungsangeboten von Events, Seminaren und Webinaren, feilbietet. Wir müssten eigentlich allesamt rund herum ein positives und zufriedenes Leben führen. Es ist halt wie mit allem: Je nach Gewichtung des Bewusstseins, beschäftigen sich die Menschen eben mit ganz unterschiedlichen Dingen. Und so kommt es zwangsläufig, dass sich auch bezüglich des Themas Positiv Denken eben auch nur ein gewisser Anteil der Menschheit damit beschäftigt. Und selbst manche, die sich damit beschäftigen, finden Gründe, dieses Thema rational erklärbar herunter zu spielen oder gar schlecht zu reden. Auch das gibt es.

An dieser Stelle sei für alle Zweifler mitgeteilt, dass es beim Positiven Denken nicht um eine aufgesetzte, gespielte Handlung geht. Positives Denken kann man nicht einfach so spielen. Vielen ist es gewiss schon so ergangen, dass sie sich gesagt haben: Jetzt denke ich mal positiv. Und nach zwanzig Minuten mussten sie allesamt enttäuscht feststellen, dass das gar nicht auf diese Art und Weise klappt, mit dem Positiven Denken. Schwupp, sind sie wieder in ihrem sozialisierten Denk- und Verhaltensmuster. Wir alle wissen doch, dass es leichter ist negativ zu denken als die Energie für positives Denken aufrecht zu erhalten. Werfe mal einen Stein nach oben. Wie lange wird er nach oben fliegen? Ca. zwei, drei Sekunden, dann geht es steil nach unten. Erdanziehungskraft nennt man das. Analog hierzu funktioniert das mit dem negativen und positiven Denken. Alles Negative, also nach unten Ziehende, funktioniert geradezu automatisch und ohne viel Kraftaufwand. Aber starte einmal eine Rakete in Richtung Weltraum, also nach oben, da siehst du plötzlich, wie viel Energie und Kraft man aufwenden muss, diesen Körper der Schwerkraft zu entziehen. So ist das mit dem Positiven Denken eben auch. Es erfordert eine unwahrscheinlich enorme Kraftanstrengung, um permanent in Positiver Energie zu stehen. Man muss praktisch einen Antrieb finden, der einen Ausgleich zum Abtrieb herstellt. Und beim Positiven Denken ist der Antrieb eben eine verinnerlichte Einstellung und nicht einfach ein nachspielen positiven Denkens.

Den Antrieb, um Positives Denken zu verinnerlichen, kann man erlernen in seine

Einstellungen und Handlungen zu integrieren. Dazu ist es eben notwendig mentale Arbeit zu leisten. Man muss sich mit seinen Emotionen, mit seinen Gedanken, mit seinem Körper, mit seiner Umgebung und mit seiner ethischen Haltung beschäftigen, sie hinterfragen, reflektieren und neue Skills einüben. Das alles ist dann ein Zustand des Bewusstseins. Siehe da: Positives Denken ist also keine Technik, die man einfach mal anwendet, sondern ein Bewusstseinszustand, dem man aktiv in sich trägt.

Also allen Zweiflern am Positiven Denken sei gesagt: Zweifelt nur! Das ist er erste Weg zur Veränderung eines verhärteten Zustandes negativen Denkens. Wir sagen nur: Positives Denken lebt!

JETZT LEBEN?!

Lass' die Toten bei den Toten sein und wende dich den Lebenden zu. In der Tat stellt sich die Frage danach, wie viel Zeit verbringen wir eigentlich mit unnötigen Dingen? Alle Gedanken an das Schlechte aus der Vergangenheit sowie alle Gedanken an eine düstere Zukunft verschleiern deine Lebenszeit. Alle negativen Nachrichten, mit denen wir uns befassen, alle schlecht gelaunten Miesepeter und Besserwisser, mit denen wir unsere Lebenszeit teilen, alle Beschäftigungen mit Dingen, die wir nicht direkt ändern können, sind Bestandteile toter Lebenszeiten. Ganz ehrlich: Dafür ist mir mein Leben zu schade. Ich will lebendig sein, tanzen, singen, freudvoll sein und die Liebe in ihren vollen Zügen genießen. Wer anders als ich selbst kann darüber bestimmen? Wer oder was bestimmt dein Leben? Wir leben nur dieses eine Leben und das im Jetzt. Also leben wir es!

Hast du dich jemals gefragt, was eigentlich das „JETZT" ist? Und hast du auch schon mal ernsthaft darüber sinniert was tatsächlich das „LEBEN" ist?

Das sind schon zwei wirklich schwerwiegende Fragen, die man im Grunde ganz leicht beantworten kann. Zumindest kann das jeder für sich recht einfach beantworten, denn jeder ist Experte seines Selbst. Man muss ja nicht gleich hochphilosophische Abhandlungen über diese beiden Existenzweisen „Leben" und „Zeit" verfassen. Das führt ja in der Regel zu nichts weiter, als zu einem bestenfalls netten Unterhaltungswert. Die wirklich brennenden Fragen über das Leben, über die Zeit und über das Leben im Jetzt stellen sich eben nicht abstrakt-theoretisch, sondern praktisch lebensnah an der Zeit bzw. zeitnah am Leben oder gar zeit-lebens innerhalb der Lebens-Zeit.

Die Menschen fordern in den sozialen Netzwerken auf plakativen Aphorismen immer wieder nach einer freien und ehrlichen Entwicklung des Lebens. Sie fordern mehr Zeit für das Leben und mehr Leben in der Zeit. Der Wunsch ist enorm groß, sich innerhalb dieses einen kurzen, zeitlich begrenzten Lebens auf diesem Planeten so zu entfalten, wie sie es gerne möchten. Es ist in der Regel immer wieder die gleiche Forderung nach einer freien und zeitlich uneingeschränkten LEBENSENTFALTUNG. Es ist dabei immer wieder der Wunsch die Mutter des Gedankens! Hier zeigt sich, dass wir Menschen nicht frei leben, sondern eingepfercht sind in Zwänge, Sorgen, Alltagsplanungen, Verpflichtungen, 9to5, Bürokratie, Gesetze und Normen. Die Forderung nach mehr LEBEN im JETZT ist ein Aufschrei der Befreiung aus den menschengemachten Ketten gesellschaftlicher Konventionen und Werten.

Das LEBEN findet JETZT statt, ganz nach dem Motto von Hermann Hesses Siddharta, dass der Fluss an allen Stellen immer zugleich ist, an der Quelle, in der Mitte und an der Mündung: Immer befindet sich der Fluss an allen Stellen zugleich im JETZT. Das JETZT ist dabei stets ein Produkt aus dem Vergangenen und ein Zulauf in das Künftige. Das Vergangene ist vorbei, das Künftige noch nicht da, also ist das JETZT der momentane Moment, den ich bewusst wahrnehmen und dadurch die Gelegenheit nutzen kann, mein Leben just in dieser Sekunde kreativ zu gestalten. Ich muss mich nicht ständig mit den vergangenen Dingen belasten. Ich muss mich auch nicht mit den Dingen, die noch nicht da sind beschäftigen. Sondern das LEBEN im JETZT bietet mir die einmalige Chance, das zu tun was ich JETZT tun will!

Ist das nicht großartig? „JETZT LEBEN!" bedeutet also: Freiheit im bewussten Sein (also: im Bewusst-Sein) durch Ballastabwurf von Vergangenem und Ballastabwehr von Künftigem. Es ist letztlich die Befreiung von belastenden, liebgewonnenen Verhaltensmustern und Gewohnheiten sowie die Vermeidung der Übernahme neuer, ebenfalls belastender und blockierender Lebensmuster. „JETZT LEBEN!" kulminiert demnach in der Existenzweise: LEBE DICH SELBST!

Ein absolut wunderbarer, zauberhafter und zeitloser Gedanke!

Alles hat seine Zeit

Schlägt die Zeit in allen Dingen,
die da tickt uns fort und fort
durch…

… Abfahrtzeiten…
… abgelaufene Zeit…
… Abendzeit…
… Abstillzeit…
… Adventszeit…
… Altersteilzeit..
… Alterszeit…
… Anfangszeit…
… Ankunftszeiten…
… Anpassungszeit…
… Arbeitszeit…
… Atomzeit…
… Ausbildungszeit…
… Auszeit…
… Backzeit…
… Badezeit…
… Babyzeit…
… Bauzeit…
… Bedenkzeit…
… Bettzeit…
… bevorstehende Zeiten…
… Blütezeit…
… Bronzezeit…
… Datumsangaben…
… Einspruchsfristen…
… Eiszeit…
… Elternzeit…
… Endzeit…

… Ermittlungszeiträume…
… Erntezeit…
… ersehnte Zeiten…
… Essenszeit…
… Fahrzeit…
… Familienzeit…
… Fastenzeit…
… Fehlzeiten…
… Ferienzeit…
… Fernsehzeit…
… Flugzeiten…
… Freizeit…
… Frühzeit…
… Friedenszeit…
… Frischhaltezeiten…
… Fristlosigkeit…
… Fristmäßigkeit…
… Fristgerechtigkeit…
… Galgenfrist…
… Geltungszeiträume…
… Gleichzeitigkeit…
… Gleitzeit…
… goldene Zeiten…
… gute Zeiten…
… Gutzeiten…
… Halbwertszeit…
… Halbzeit…
… Haltbarkeitszeitraum…
… Hochzeit…
… Jugendzeit…
… Kaffeezeit…
… keine Zeit…
… Kochzeit…
… Krankenzeit…

… Kriegszeiten…
… Kurzweiligkeit…
… Lagerungszeit…
… Langweiligkeit…
… Lebenszeit…
… Lesezeiten…
… Mahlzeit…
… Märchenstunde…
… Minuszeit…
… Mittagszeit…
… Nachtaktivität…
… nachzuholende Zeit…
… Nachtzeit…
… Paarungszeit…
… Parkuhren…
… Passionszeit…
… Pausenzeiten…
… Probezeit…
… Rechtzeitigkeit…
… Redezeit…
… Regelstudienzeit…
… Regelzeiten…
… Rentenzeit…
… Ruhezeit…
… Schlafenszeit…
… schlechte Zeiten…
… schöne Zeiten…
… Schöpfungszeitraum…
… Schonzeit…
… Schulzeit…
… schwarze Tage…
… Schwingungszeit…
… Sendezeiten…
… Sommerzeit…

… Spielzeit…
… Spitzenzeit…
… Sprechzeit…
… Steinzeit…
… Sterbenszeit…
… Sternenzeit…
… Stillzeit…
… Studienzeit…
… Tageszeit…
… Traumzeit…
… Trockenzeit…
… Übergangszeiten…
… Unzeit…
… Unzeitmäßigkeit…
… Uhrzeit…
… Urlaubszeit…
… Urzeit…
… verbleibende Zeit…
… Verfallsdatum…
… verlorene Zeiten…
… Verwesungszeit…
… Wartezeiten…
… Weihnachtszeit…
… Weltzeit…
… Wendezeit…
… wenig Zeit…
… Wettlauf mit der Zeit…
… Winterzeit…
… Wochenarbeitszeit…
… Zeitalter…
… Zeitarbeit…
… Zeitbomben…
… Zeiteinschätzungen…
… Zeitenwende…

… Zeitenwinde…
… Zeitfenster…
… Zeitformen…
… Zeitfresser…
… Zeitgefühle…
… Zeitgemäßheit…
… Zeitgerechtigkeit…
… Zeitgewinn…
… Zeitkonten…
… Zeitkrümmungen…
… zeitlichen Abstand…
… Zeitlosigkeit…
… Zeitlupe…
… Zeitmaschinen…
… Zeitmessung…
… Zeitpunkte…
… Zeiträume…
… Zeitreisen…
… Zeitschaltuhren…
… Zeitumstellung…
… Zeitverluste…
… Zeitverschiebungen…
… Zeitvertreib…
… Zeitwahrnehmung…
… Zeitweiligkeit…
… Zeitweise…
… Zubereitungszeiten…
… Zwischenzeiten…

… und uns niemals kommt zurück.

Die Autoren

Angela Nungäßer wurde 1972 in Frankfurt am Main als zweites von vier Kindern der Familienmanagerin Elvira Sirsch, geborene Hansch, und dem Elektriker Wolfgang Sirsch geboren. Nach dem Abitur wurde sie Familienmanagerin und Mutter von drei Kindern aus erster Ehe. Sie ist klassische Homöopathin und Heilpraktikeranwärterin. Fortbildungen in Yoga, Reiki, chinesischer und japanischer Medizin sowie im Familienmanagement und Positiven Denken runden ihr Kompetenzprofil ab. Nebenberuflich schreibt sie freie Texte und Lyriken. Die Absolventin der Kultur- und Sozialwissenschaften an der FernUniversität Hagen lebt gemeinsam mit ihrem Ehemann und ihren fünf von acht Kindern in Portugal und betreibt dort spirituellen Frieden.

*

Ralf-Peter Nungäßer wurde 1964 als einziger Sohn der kaufmännischen Angestellten Annerose Nungäßer, geborene Döllefeld, und des Aufzugmonteurs Hans-Peter Nungäßer in Frankfurt am Main geboren. Nach der Lehre, Zivildienst, Abitur und den Studien der Mathematik, Sozialpädagogik, Erziehungswissenschaften und Philosophie begab er sich in die beruflichen Gesellenjahre als Pädagoge. Der Doktorand der Kulturwissenschaften an der FernUniversität Hagen ist leidenschaftlicher Familienmanager, Pädagoge und Autor von

Fachbüchern, Fernlehrgangscurricula, Blogs und unveröffentlichten Manuskripten. Zusammen mit seiner Frau und ihren gemeinsamen fünf Kindern lebt er in Portugal und sucht nach der absoluten Freiheit.

Impressum

Herstellung und Verlag:
BoD - Books on Demand, Norderstedt

ISBN: 978-3-7494-6702-0

ENDE

Mehr Informationen auf unserem
NUNI-NEWS-Blog unter:

https://nuninewsblog.wordpress.com

Vielen Dank für Ihre Besuch!